Mercadotecnia Espiritual

Una fórmula comprobada de cinco pasos para crear riquezas fácilmente desde tu interior

Joe Vitale

Prólogo por Bob Proctor

Traducido por el Dr. César Vargas

Veritas Invictus Publishing
8502 East Chapman Avenue # 302
Orange, California 92869

ISBN 978-0-9846837-1-0

Nota del traductor:
Esta obra es una traducción del libro *Spiritual Marketing*, publicado originalmente en inglés. Siempre que ha sido posible, se ha utilizado una conversión aproximada al sistema métrico decimal.

www.**Mercadotecnia** *Espiritual*.com

Espíritu es substancia que se forma a sí misma según tus demandas, y debe tener un patrón de donde partir. Una bola de masa está tan dispuesta a ser formada en pan de barra como en un panecillo. De igual manera, a Espíritu le da igual lo que demandamos.

-Frances Larimer Warner,

Nuestra reserva invisible: parte 1, 1907

[Our Invisible Supply: Part One, 1907]

Esta publicación está diseñada para ofrecer información certera acerca del tema que se propone. Se ofrece bajo el entendimiento que el autor y la editorial no practican ni ofrecen servicios médicos o psicológicos. La intención de este libro no es substituir la terapia o el consejo de un profesional.

Para ayuda con la implementación de estos principios, inscríbete gratis a la lista de distribución de Mercadotecnia Espiritual que se encuentra en www.**mercadotecnia***espiritual*.com

DEDICATORIA

Para Bonnie

CONTENIDO

AGRADECIMIENTOS

Agradezco a Jerry y Esther Hicks por su conocimiento en la creación de todo lo que uno desea. Por supuesto, agradezco a Jonathan Jacobs por su labor como curandero, profesor de milagros y amigo. También agradezco la magia de Bill Ferguson. Linda Credeur fue la primera en creer en este proyecto, quizás aun antes que yo. Deseo agradecer a Bob Proctor, un hombre iluminado que despierta la conciencia de la gente donde quiera que va, por apoyarme y creer en mí y en este libro. Un grupo de amigos muy especiales leyó las primeras versiones de este libro y me dio información invalorable. Ellos merecen un gran aplauso: Jonathan Morningstar, Jennifer Wier, Blair Warren, David Deutsch, Bryan Miller, Nerissa Oden. Marian, por supuesto, ha sido la luz de mi vida por las últimas dos décadas. Por siempre le agradezco su presencia en mi mundo. Por último, agradezco al Espíritu de vida por guiarme en cada momento.

Y SIGUEN LOS MILAGROS

Prefacio para la edición VIP

Escribí lo que estás a punto de leer en 1999, cuando presenté por primera vez este libro como un obsequio privado a sólo 35 personas. Desde entonces, han ocurrido más milagros. He aquí unos de éstos:

* Cuando escribí este libro por primera vez y describí el auto de mis sueños, el auto de mis sueños era un Saturn. Ahora he ampliado mi sueño y mi auto. Ahora manejo un BMW Z3 2.8 Roadster. ¡Nunca en mi vida me he divertido tanto manejando! A medida que crecí en mi vida y me hice más atrevido en mis sueños, naturalmente deseaba un auto diferente. Fui guiado al Z3, que simboliza los grandes cambios en mi vida. ¡Y además es fabuloso manejarlo! De verdad puedes tener cualquier cosa que te imagines.

* Cuando escribí este libro por primera vez, seguía casado con Marian —quien había estado conmigo por más de veinte años. Desde entonces hemos decidido que estábamos tomando sendas distintas. No hubo nada negativo acerca de la experiencia o la decisión. Marian decidió que prefería vivir sola. Yo decidí buscar otra mujer. Encontré otra en Nerissa, a quien amo profundamente. Marian y yo seguimos siendo amigos, y ambas están en mi corazón. Soy un hombre con suerte. De verdad los grandes cambios en la vida pueden ser fáciles y naturales.

* Cuando escribí este libro por primera vez, me fijé una meta acerca de tener ingresos pasivos. Quería que el dinero viniese a mí fácilmente y sin esfuerzo, siempre, consistentemente, sin importar dónde estuviese o lo que hiciere. Después fui guiado a encontrarme con Mark Joyner, Gerente General de Aesop Marketing, quien me preguntó si él podía colocar uno de mis libros en línea como un libro electrónico. Yo tenía mis dudas. Pero le di *Hypnotic Writing* [Redacción hipnótica], un manuscrito que escribí hace muchos años. Mark lo colocó en línea, lo promovió y las ventas me dejaron con el ojo cuadrado. Y hoy, siete meses después de que el libro debutara en línea en http://www.HypnoticWriting.com, las órdenes siguen llegando. Ya que no hay ningún libro que imprimir, almacenar o enviar por correo, todos los ingresos son pasivos. Cada mes recibo un cheque, a veces por cantidades

sorprendentes. Ahora sonrío mucho. Sé que cuando fijas una intención, fijas las fuerzas de la vida para atraerla a ti, y atraerte a tu intención.

* Cuando escribí este libro por primera vez, vivía en Houston. Después de conocer a Nerissa, me mudé a Austin. Luego comencé el proceso de manifestar el hogar de nuestros sueños. Luego de unos meses, encontramos una hermosa propiedad de dos pisos en las lomas, situada en dos acres, con cervatillos y liebres silvestres, una piscina exterior — entre Austin y San Antonio— en una pequeña comunidad artística y espiritual llamada Wimberley, Texas. Encontré esta casa gracias a que tenía una imagen clara de lo que quería, y seguí cada impulso intuitivo que percibía. El resultado fue un milagro.

Platicaba con Nerissa acerca de los milagros continuos en mi vida.

—Eso te sucede siempre —dijo ella.

Mencionó que apenas el otro día yo quería hacer una reservación para viajar en avión a Ohio para ver a mi familia. Los boletos costaban casi mil dólares. Yo sencillamente sabía que podía encontrar un precio mejor, pero estaba dispuesto a aceptar la tarifa regular. Cuando llamé de nuevo a la aerolínea, me dijeron que tenía tantas millas de viajero frecuente acumuladas que podía conseguir ambos boletos por poco más de cien dólares. ¡Genial!

Y Nerissa me recordó la vez que quería completar mi colección de libros poco comunes de P.T. Barnum. Encontré el último libro que necesitaba. Pero mi intuición me dijo que no pagara el alto precio que pedía el vendedor de libros. Lo dejé. Esperé. Pocos días después, el vendedor bajó su precio. Eso es insólito. Y sí, compré el libro.

Y también me recordó la vez que busqué un libro por casi siete años sin poder dar con él. Luego, cuando menos me lo esperaba, un amigo de correo electrónico en Canadá me escribió y dijo que él tenía el libro. Le rogué que me dejara comprarlo. Él se negó. Pero unos días después decidió simplemente enviarme el libro —¡sin costo alguno!

Y ella recordó que como hace un año, cuando no podía encontrar a una amiga que quería y extrañaba, me di por vencido y contraté a un investigador privado, quien tampoco pudo encontrar a mi amiga. Luego, un día, siguiendo mi intuición, me encontré a mi amiga en una clase de yoga. La hallé sin ningún esfuerzo.

Nerissa también me recordó el incidente que sucedió apenas ayer, mientras escribía este mismo prefacio.

He estado practicando el Método Sedona por meses. Es un método simple para liberar cualquier sentimiento o experiencia negativa a manera de estar feliz en este momento. Me gusta el método y les he dicho a muchas personas al respecto mediante mi boletín electrónico mensual.

Estaba leyendo un libro por Lester Levenson, fundador del Método Sedona, ayer por la mañana. Estaba sentado en mi sillón favorito, leyendo, siendo feliz, preguntándome cómo podría aprender más acerca de Sedona y de Lester. Recuerdo que estaba pensando: *Oye, sería bueno conocer gente Sedona y aprender más acerca de lo que hacen.*

Ese mismo día revisé mi correo electrónico y, o gran sorpresa, había un mensaje del director del Instituto Sedona. Él había escuchado de mí «mediante un pajarito» y quería hablar conmigo acerca de cómo les podría ayudar a promover su página de Internet en http://www.sedona.com. ¡Increíble!

Y luego las incontables veces cuando quiero dinero para esto o aquello, y se me ocurre una idea que genera un montón de dinero rápido.

Una vez casi organizaba un seminario de *Mercadotecnia espiritual*. En vez de eso, decidí ver si alguien se inscribiría en línea y tomaría la clase por Internet. Anuncié que la clase se efectuaría solamente por correo electrónico, duraría cinco semanas y costaría $1,500 por persona. Quince personas se inscribieron, generando una buena suma de dinero en poco tiempo. Muy bien.

—Te suceden milagros todo el tiempo —repitió Nerissa.

—¿Por qué piensas que es así? —pregunté—. Es cierto que no siempre ha sido así.

—Porque ahora practicas los pasos de Mercadotecnia espiritual —explicó—. Te conviertes en un imán de todo lo que quieres.

No hay duda. Si tratara de documentar todos los milagros que siguen ocurriendo solamente en mi vida diaria debido al método de «Mercadotecnia espiritual» nunca dejaría de escribir este libro y nunca lo podría presentar al público.

Lo que quiero decir es esto: La fórmula de cinco pasos que estás a punto de descubrir, funciona.

Y porque funciona, quiero que las tengas.

Una vez le dije a Nerissa que en la vida hay un camino fácil y uno difícil. Cuando recién la conocí, ella estaba escalando el lado rocoso de la montaña. Luego le señalé que también hay escaleras mecánicas en la vida. Tú puedes tomar el camino difícil o el camino fácil. Todo depende de ti.

Este libro te muestra dónde están las escaleras mecánicas.

Súbete… y disfruta el ascenso.

Ahora voy a apagar mi computadora, entregar este libro a la editorial y dejar que lo leas.

Dime lo que piensas del libro... y cuéntame los milagros que sucederán en tu vida.

Joe Vitale

espiritu@mrfire.com

Si no nos gusta lo que nos está sucediendo en el mundo, lo único que tenemos que hacer es cambiar nuestra consciencia —¡y el mundo externo cambia para nosotros!

-Lester Levenson, *Llaves para la libertad máxima,* 1993

[Keys to the Ultimate Freedom]

PRÓLOGO DE BOB PROCTOR

Abrí el paquete de entrega inmediata y encontré dentro un manuscrito encuadernado en espiral. Dos palabras saltaban de la portada: Mercadotecnia espiritual. Mmmm. Pensé para mis adentros: *Qué título tan interesante.* Esas dos palabras —Mercadotecnia espiritual— seguían bailando en mi mente.

Nunca antes había visto a esas dos palabras como socias, pero allí estaban, codo a codo, en perfecta armonía. Eran una pareja hermosa. Definitivamente eran la una para la otra. Sí, la unión de estas dos palabras ha creado el potencial de causar un impacto profundo y positivo en el mundo.... tu mundo y el mío. De algún lugar dentro de mí me vino el pensamiento que se necesitaría un Joe Vitale para crear una combinación tan potente. También pensé: Joe no sólo es un buen hombre; también escribe libros geniales.

Lo más seguro es que estés tan ansioso de entrar al libro como yo lo estaba cuando lo tuve en mis manos por primera vez. Sin embargo, antes de que te adentres más, hay que establecer una aclaración muy importante:

Al decir *Mercadotecnia espiritual* no queremos decir mercadotecnia religiosa. El autor de este explosivo librito y yo estamos de acuerdo en que ninguno de nosotros está ni remotamente calificado para escribir sobre ese tema. Más bien nos referimos a la presencia dentro del espíritu universal... el «yo» verdadero.

Espíritu está presente y opera en todos. Espíritu siempre se expresa perfectamente... por Ley. La mejor definición de la palabra «ley» que he encontrado en mis casi cuarenta años de investigaciones divertidas surgió del Dr. Thurman Fleet. Él explicó: «Ley es el método uniforme y ordenado del Dios omnipotente.»

A medida que lees cualquiera de los libros de Joe Vitale o escuchas cualquiera de sus programas grabados, sabrás que a él le encanta estudiar las Leyes. En este su libro más reciente, Joe ha unido eficazmente las Leyes a su verdadero amor: Mercadotecnia. Tú y yo somos los beneficiados de sus años de trabajo. Él ha tomado algo que puede ser una labor compleja y laboriosa, y la ha presentado en sólo cinco pasos simples.

Los cinco pasos descritos en *Mercadotecnia espiritual* te ayudarán a lograr o adquirir cualquier cosa que desees con sinceridad. Sé que esto es cierto porque he usado personalmente estos cinco pasos por los últimos cuarenta años para establecer y lograr un sinfín de metas en todo el mundo.

Aunque verás que cada paso es fácil de entender, seguirlo requerirá disciplina. Tu viejo paradigma, conocido comúnmente como tu «condicionamiento antiguo», peleará contra ti. De hecho, tu condicionamiento antiguo te dará una tremenda batalla.

Verdaderamente los paradigmas no mueren fácilmente, y las armas que usan los paradigmas para encarcelarte en la vida tienen un poder potencial fenomenal. A menudo me refiero a ellos como el trío con el poder de paralizar... de hecho son insidiosos. Éstos son DUDA, TEMOR y ANSIEDAD. Éstos tienen el poder de poner un alto total a tu progreso justo en el momento en que decides poner manos a la obra.

Debes darte cuenta que la duda te invade sigilosamente y causa temor, el cual a su vez se vuelve ansiedad. Estos tres pueden atacar como un relámpago. Sin embargo, pueden y deben ser detenidos. La causa primordial de estos demonios debilitadores es IGNORANCIA.

Conoceréis la verdad, y la verdad os hará libres. Ésa es una verdad hermosa. Debes entender que sólo hay una cosa de la cual ser libre, y esa es la ignorancia. En el momento que sientas que la duda quiera invadir tu mente sigilosamente, toma este libro y lee unas cuantas páginas. Ábrelo donde sea y lee. Sucederán cosas maravillosas. Tu entusiasmo aumentará y regresarás al camino correcto hacia un futuro prometedor.

Este librito será tu amigo, tu propia Lámpara de Aladino. Los conceptos en cada página te fortalecerán. ¡No salgas sin él!

De vez en cuando, mientras leas, deja de leer, cierra el libro, acomódate en una postura relajada y considera. Piensa en gente rica y ecuánime que conozcas... considera lo que han estado haciendo con sus vidas... y de repente te darás cuenta que están haciendo lo que este librito te sugiere que hagas.

¿Quiénes son los que más producen en tu industria? ¡Considéralo! ¡Ellos están realizando lo que este libro te está sugiriendo que hagas!

Ahora, continúa al Paso Uno. Convierte todos y cada uno de los pasos en parte habitual de tu conducta. Lee este libro todos los días. A medida que lo haces, comenzarás a disfrutar la consecución progresiva de todos los deseos de tu corazón.

-Bob Proctor

Toronto

CONFESIÓN VERDADERA DEL AUTOR

Lo admito.

Nunca quise publicar este libro o presentarlo a una amplia audiencia.

Tenía miedo.

Escribí este libro para una persona: Mi hermana. Bonnie tenía tres hijos, estaba desempleada y recibía asistencia social. Me dolía verla sufrir. Yo sabía que su vida podía ser diferente si ella conociese el proceso de cinco pasos para crear todo lo que ella quisiese. Escribí este material para ella solamente, en 1997. Ella ya no recibe asistencia social y está de lo mejor. Todavía no es rica, pero creo que le he mostrado una manera nueva de vivir la vida.

Nunca quise hacer público este libro porque tenía miedo de cómo me percibiría el mundo. He escrito diez libros, hasta ahora, para conocidas y conservadoras organizaciones como la Asociación Americana de Mercadotecnia y la Asociación Americana de Administración. Además tengo un programa grabado con Nightingale-Conant. Pensé que si le decía al mundo acerca de mi interés en la espiritualidad, la gente se mofaría de mí, los clientes me despedirían y estas organizaciones me rechazarían. Así que me fui a la segura y guardé este libro en secreto.

Pero en junio de 1999 sentí un impulso interno de darle una copia de este manuscrito a Bob Proctor, al comienzo de uno de sus seminarios sobre la *Ciencia de hacerse rico* [*Science of Getting Rich*]. Bob lo leyó y le encantó. Y luego hizo algo escandaloso.

Había 250 personas en ese seminario en Denver. Bob leyó ante la audiencia todos los títulos de mis libros, y luego me presentó ante los concurrentes. Me puse de pie y la gente aplaudió. Me trataron como una celebridad y me encantó recibir la atención.

Pero luego Bob les dijo a todos acerca de mi libro nuevo, mi libro inédito, este libro. Yo estaba sorprendido. No estaba preparado para esto. Contuve la respiración. Luego Bob les dijo el título: *Mercadotecnia espiritual*.

Había tal silencio entre los presentes que sentí escalofríos. La gente no sólo reaccionó de manera positiva al libro, todo mundo lo quería, y ya. Cuando menos cincuenta personas vinieron a mí y dijeron que querían comprar el libro. Bob Proctor luego dijo que quería grabarlo. Y el representante de una casa editorial en el seminario dijo que quería publicarlo, ¡sin haberlo visto!

Mis preocupaciones acerca de publicar este libro se esfumaron. Pude ver que era el momento perfecto para presentar estas ideas, y vi que estaría a salvo al hacerlo.

Así que aquí me tienes.

Al igual que con la mayoría de las cosas en la vida, hay muy poco que temer, y las riquezas y la gloria te esperan a la vuelta de la esquina. Lo único que tienes que hacer es ir adelante y hacer las cosas que tu interior te está codeando que hagas.

Bob Proctor me codeó frente a 250 personas. Y el resultado es este libro.

Que lo disfrutes ¡y que tengas una larga vida en prosperidad!

-Joe Vitale

Austin

Al igual que con la mayoría de las cosas en la vida, hay muy poco que temer, y las riquezas y la gloria te esperan a la vuelta de la esquina.

-Joe Vitale

CÓMO REALICÉ MERCADOTECNIA ESPIRITUAL

—¿A qué te dedicas? —pregunté.

Estaba en fila con 700 personas en un hotel en Seattle, esperando pasar un día escuchando a un escritor y maestro espiritual.

—Trabajo con la energía —dijo la señora junto a mí—. Es difícil de explicar. Es diferente con cada persona.

—¿Tienes una tarjeta de presentación?

—No —respondió, un poco avergonzada.

Yo estaba escandalizado.

—Permíteme hacerte una pregunta —comencé—. Hay más de 700 clientes potenciales aquí. ¿Por qué no tienes por lo menos tarjetas de presentación?

Una señora que estaba junto a ella sonrió y le dijo: «Te acaba de tocar un ángel.»

No soy un ángel. Pero me preguntaba por qué esta empresaria estaba desperdiciando una grandiosa oportunidad de mercado. Al conversar con otras personas de las 700 presentes en este evento, me di cuenta que todas estas personas eran microempresarios. Y todas necesitaban ayuda para promover sus servicios.

Fue ahí cuando me di cuenta de que podía escribir un manual conciso sobre mercadotecnia basada en la espiritualidad. Nadie más parecía estar mejor calificado. Soy el autor de la *Guía total de anuncios para pequeños comercios* [AMA Complete Guide to Small Business Advertising] de la Asociación Americana de Mercadotecnia, y tengo más de quince años de experiencia en metafísica y espiritualidad. He entrevistado a muchos portavoces de la nueva era y algunos de ellos han sido mis clientes. Además, ya había creado y probado un proceso secreto de cinco pasos para manifestar todo lo que uno quiera. Parecía ser la mejor voz para un libro sobre mercadotecnia con espíritu.

También sabía que esas 700 personas en el seminario representaban un grupo aún más grande de gente que necesita ayuda con sus negocios. Además, sabía que estaban haciendo algo dentro de sí mismos que estaba creando sus resultados externos. Es decir, su estado de ser interno estaba creando su clientela, o su falta de clientela.

Sencillamente, la señora que no tenía una tarjeta de presentación tenía una inseguridad interna sobre su negocio que se manifestaba en su vida a través de su falta de tarjetas de presentación. Y si tomamos esta lógica un paso más adelante en la dirección en que te quiero guiar más adelante en este libro, si esa señora estuviese verdaderamente clara acerca de su negocio, ni siquiera necesitaría tarjetas de presentación. La clientela simplemente vendría a ella. Su espíritu interno haría su promoción.

Esto es lo que revelará este libro. He aprendido que somos *seres* humanos, no *hacedores* humanos. Cuando alcanzas un estado de ser interno claro sobre el servicio que prestas al mundo, el mundo viene a ti. Como dijo una persona famosa: «Ahora los ángeles dan mi tarjeta de presentación.» ¿Confundido? No hay problema. Mandy Evans, terapeuta, escritora y una gran amiga mía, dice que la confusión es ese maravilloso estado mental que está justo antes de la claridad.

Quizás el relato siguiente te dará un vistazo de lo que digo y creará el marco de lo que sigue:

Una vez leí un viejo y agradable libro de 1920 titulado *Las bases de la prosperidad* [Fundamentals of Prosperity] por Roger Babson. Él concluyó su libro preguntándole al presidente de la República Argentina por qué Sudamérica, con todos sus recursos y maravillas naturales, estaba tan atrás de Norteamérica en cuanto al progreso y el mercado. El presidente respondió:

—He llegado a esta conclusión. Sudamérica fue poblada por los españoles que vinieron a Sudamérica en busca de oro, pero Norteamérica fue poblada por los Peregrinos, que fueron allí en busca de Dios.

¿Dónde está tu enfoque? ¿En dinero o en espíritu?

En este libro intento ofrecer una nueva manera en que puedes acrecentar tu negocio fácil y naturalmente. Ésta está basada en técnicas de mercadeo comprobadas y principios espirituales eternos. Revelará cómo es que tu estado de ser interno atrae y crea tus resultados externos —y lo que debes hacer al respecto a fin de que puedas tener, hacer o ser todo lo que desee tu corazón.

¿Funcionan las técnicas? Para muestra, basta un botón. Pruébalas y verás. Puedo contarte los éxitos que he tenido —y lo hago en este libro— pero nada te convencerá más que tu uso de estas simples ideas y ver tus propios resultados sorprendentes. Podría decirte que este método te ayudará a manifestar cualquier cosa que quieras. Leerás acerca de personas que crearon autos y hogares, se curaron de cáncer y crearon relaciones nuevas. Pero me estoy concentrando en los negocios porque parece haber una gran escasez de espiritualidad en los negocios. Y voy a dejar que descubras la magia de la promoción con espíritu porque nada será más potente que tu propia experiencia de primera mano.

Acércate una silla. Ponte cómodo. Respira hondo y relájate. Hablemos de cómo puedes crecer tu negocio —y lograr cualquier cosa que desees— mediante el poder mágico de «Mercadotecnia espiritual».

Vivir con riesgos es saltar al precipicio y construir tus alas mientras vas en caída.

-Ray Bradbury

PUEDE SER DE OTRA MANERA

Antes de ser especialista de mercadotecnia y escritor, fui periodista del mundo interior por más de diez años, y escribí para varias revistas a la vanguardia. Como resultado, he visto milagros con mis propios ojos. Por ejemplo:

* Entrevisté a Meir Schneider, un hombre que fue diagnosticado ciego. Recibió un certificado que decía que sufría de ceguera incurable, y hoy ve, lee, escribe, conduce un auto —y también ha ayudado a cientos de personas a recuperar su vista.

* Pasé tiempo con Barry y Suzi Kaufman en su Instituto Opción [*Option Institute*] y vi y supe de milagros allí. Su propio hijo nació autista. Les dijeron que se resignaran. Pero no lo hicieron. Laboraron con su hijo, lo amaron, lo cuidaron,

lo aceptaron... y lo curaron. Hoy él vive una vida de adulto sobre promedio, feliz y exitosa.

* He estado en docenas de talleres donde he visto gente que ha cicatrizado relaciones con sus amantes, sus cónyuges, sus hijos. He entrevistado a gurús y a mentores, he hablado con gente que ha disuelto problemas «incurables», y he experimentado milagros personalmente en mi propia vida. He llegado a creer que nada —¡pero nada!— es imposible.

Recientemente he estado trabajando con Jonathan Jacobs, un hombre llamado «curandero de curanderos» porque su trayectoria de ayudar a sanar gente es tan impresionante que los médicos le están enviando sus propios pacientes. He visto a Jonathan recibir gente con problemas de toda clase —de dinero, de espalda, de cáncer— y ayudarlos a ser curados, a menudo en una sola sesión.

Yo he probado esto por mí mismo. La mayor parte de mi vida he batallado con el dinero. Cuando viví en Dallas hace unos veinte años, estaba en la calle y hambriento. Robaba para comer. Y cuando me mudé a Houston, era una pesadilla frustrante conseguir $200 al mes para vivir en una pocilga. Era un infierno. Aun así lo viví por quince años. ¡AÑOS!

Luego, después de unas sesiones con Jonathan, de alguna manera abandoné mis antiguas creencias sobre el dinero, instalé creencias nuevas, y ahora mis finanzas son tan radicalmente diferentes que a menudo me anonada que tengo tanto: autos nuevos, casa nueva, viajes por el mundo, más clientes de los que puedo atender y una reserva constante de dinero que me mantiene a flote en todo momento. Pago cada cuenta y deuda que me llega, cuando llega, y nunca tengo escasez.

¿Qué pasó? ¿Cómo puede Meir curar a los ciegos? ¿Los Kaufman sanar el autismo? ¿Jonathan ayudar a gente con un sinfín de problemas? ¿Yo tener dinero cuando por casi una década no tenía casi nada?

Comienza con la consciencia de que «Puede ser de otra manera». Es lo que quiero que entiendas en este mismo momento. Que no importa lo que esté sucediendo en tu vida, no importa lo que pienses que va a pasar, puede ser de otra manera. La dirección en que aparentemente te diriges puede ser cambiada. Nada es inalterable.

De hecho, como verás por ti mismo, todo en la vida parece ser plástico. Puedes moldearlo para hacer lo que quieres y donde quieres ir. Aun en este mismo momento, al momento que lees estas palabras, puedes comenzar a explorar posibilidades nuevas: ¿Qué quieres ser, hacer o tener? ¿Sacarte la lotería? ¿Por qué no? ¿Incrementar tu negocio? ¿Por qué no? ¿Sanar algo? ¿Por qué no?

Un amigo mío me preguntó: «¿Cómo sabes lo que es imposible?

Le respondí: «¿Cómo sabes lo que no lo es?»

Creo que nuestro planeta es lo que se describió en un episodio de televisión de *Viaje a las Estrellas* llamado *Permiso en el puerto* [Shore Leave]. Cuando el Capitán Kirk y su equipo bajan a un planeta y lo revisan antes de permitir a la tripulación bajar para tomar un merecido descanso, comienzan a experimentar eventos curiosos. McCoy ve un enorme conejo blanco. Sulu ve un clásico samurai que lo persigue. Kirk ve a una antigua amante y a un excompañero de clases. Después de experimentar las dichas y las penas de estos sucesos, se dan cuenta (gracias al Sr. Espok, por supuesto) que están en un planeta que lee sus pensamientos y crea lo que están pensando.

Yo creo que la Tierra es ese planeta. Todo lo que fijes en tu mente con energía y enfoque tiende a crearse en tu realidad. Toma un poco más obtener resultados porque constantemente cambiamos de parecer. Imagínate que vas a un restaurante y pides un consomé de pollo. Pero antes de que te lo traigan cambias tu orden a sopa de lentejas. Y antes de que ésta llegue cambias tu orden de nuevo a consomé de pollo. Luego te queja y dices: «¡Nunca recibo lo que quiero!», cuando la verdad es que ¡tú eres la razón de la tardanza de tu sopa!

Casi todos hacemos esto a diario. Nuestra indecisión hace que la manifestación de lo que queremos sea casi imposible. Con razón sientes que nunca consigues lo que quieres. Pero, no tiene que ser de esa manera.

Considera lo que escribió Larimer Warner en *Nuestra reserva invisible - Parte 1* [Our Invisible Supply], en 1907:

«Espíritu es substancia que se forma a sí misma según tus demandas, y debe tener un patrón de donde partir. Una bola de masa está tan dispuesta a ser formada en pan de barra como en un panecillo. De igual manera, a Espíritu le da igual lo que demandamos.»

Esta es la base del proceso de cinco pasos que describiré en este libro: Sabe que la vida puede ser diferente para ti, y que la vida misma te apoyará en lo que desees.

He aquí la manera:

Trata de recordar que la imagen que piensas, sientes y ves se refleja en la Mente Universal, y por la ley natural de acción recíproca debe regresar a ti de manera espiritual o física.

-*Tu poder invisible* por Genevieve Behrend, 1921

[Your Invisible Power]

PASO UNO:
SABE LO QUE NO QUIERES

¿Es necesario que explique esto?

La mayoría de la gente con la que converso a diario sabe lo que no quiere. «No quiero este dolor de espalda.» «No quiero esta jaqueca.» «No quiero estas cuentas.» «No quiero batallar en mi negocio.» Conoces la letanía. Tú mismo tienes la tuya.

Desgraciadamente, la mayoría de nosotros dejamos la cosa allí. La naturaleza de nuestras conversaciones, nuestros reportes noticiosos, nuestros programas de radio y televisión, y los programas de radio hablada se enfocan en la idea de lo que no queremos. Se siente bien quejarse. No nos sentimos tan solos. Nos sentimos escuchados. Nos sentimos aliviados. A veces hasta recibimos respuestas que aminoran nuestros problemas.

Pero casi nunca tomamos este proceso al nivel dos. Rara es la persona que deja de quejarse o pelear lo suficiente para enfocarse en lo contrario de lo que está experimentando. Pero el nivel dos comienza a realizar los milagros y manifestaciones que queremos. Saber lo que no quieres es el trampolín de tus milagros. Saber lo que no quieres es simplemente tu realidad actual.

Y la realidad actual puede cambiar.

El hombre es un imán, y cada línea y punto y detalle de sus experiencias vienen a él de su propia atracción.

-*El poder de la vida y cómo utilizarlo*,

por Elizabeth Towne, 1906

[Life Power and How to Use it]

PASO DOS:
ESCOGE LO QUE QUISIERAS, TENER, HACER O SER

Si supieras que puedes tener cualquier cosa, ser cualquier cosa o hacer cualquier cosa, la pregunta es: ¿Qué es lo que quieres?

El secreto es cambiar cada una de tus quejas en algo que SÍ quieres. Comienza a enfocarte en dónde quieres ir, no en dónde estabas o dónde estás.

«No quiero esta jaqueca» pasa a ser «quiero una cabeza despejada».

«No quiero este dolor de espalda» pasa a ser «quiero una espalda fuerte».

«No quiero estas cuentas» pasa a ser «quiero tener dinero más que suficiente para todo lo que desee».

«No quiero batallar con mi negocio» pasa a ser «quiero que los clientes vengan a mí fácil y naturalmente».

Es un arte cambiar lo que no quieres y redactarlo de nuevo como lo que quieres. Lo único que hago es escribir lo contrario de mi queja. Vuelve la oración 180 grados. Si digo, «estoy harto de que me interrumpan cuando escribo», lo contrario sería «quiero escribir en un lugar seguro, tranquilo y sin interrupciones».

Tal vez te preguntes qué tiene que ver todo esto. ¿Por qué escribir estas oraciones si no te ayudarán a pagar las cuentas o a sanar tus problemas ni nada?

Muy buena pregunta. La respuesta: cambiar el enfoque en lo que sí quieres te llevará en la dirección de lo que deseas.

Verás, al parecer creamos nuestras vidas a partir de nuestras percepciones. Si nos enfocamos en escasez, atraemos más escasez. Si nos enfocamos en las riquezas, atraemos más riquezas. Nuestra percepción es un imán que nos atrae hacia donde queremos ir.

Si no eliges conscientemente a dónde quieres ir, irás a donde tu subconsciente quiere que vayas. Parafraseando al famoso psicólogo suizo, Carl Jung: «Hasta que vuelvas al subconsciente consciente, éste dirigirá tu vida, y le llamarás destino.»

En ese aspecto, la mayoría de nosotros estamos en piloto automático. Simplemente no nos hemos dado cuenta de que podemos tomar los controles. Saber lo que quieres te ayudará a enfilar tu vida en la dirección que deseas tomar.

Pero hay algo más....

Acabo de almorzar con una encantadora amiga mía. Ella tuvo una sesión con Jonathan la semana pasada y todavía brillaba. Sus ojos estaban grandes y con una chispa, llenos de pasión por la vida. Ella me recordó que aunque pienses que sabes lo que quieres, tal vez tengas que ir más a fondo para descubrir lo que realmente deseas.

Ella había ido a ver a Jonathan con la intención de crear un exitoso negocio propio. Jonathan le preguntó «¿Con qué fin?» Después de evadir la pregunta por un tiempo, ella se dio cuenta de que quería un negocio exitoso «para probar que era una persona respetable».

Recuerdo que yo solía decir que quería escribir libros que fuesen bestsellers colosales. Jonathan me hizo la misma famosa pregunta: «¿Con qué fin?» Al principio me retorcía y daba razones como «lo merezco» o «quiero el dinero» o «mis libros valen lo suficiente para esto». Pero la razón verdadera —el factor motivador subyacente— era que quería libros bestsellers «para que la gente me amara y me admirara». Cuando lo dije, sentí un cambio dentro de mí. Sabía que había llegado a mi verdadero objetivo. Mi meta, mi intención, era sentir amor.

Mucha gente vive toda una vida siendo impulsados por una necesidad subconsciente y no reconocida. El político puede ser un niño que nunca recibió suficiente atención. La empresaria puede ser una jovencita que no se siente a la par de sus compañeros. El autor de bestsellers tal vez siga intentando demostrar que es inteligente, o digno de ser amado o admirado.

La libertad y el poder vienen de saber lo que quieres sin llegar a ser prisionero de lo que quieres.

Pero hay otra razón de saber y expresar tu intención. Cuando la declaras, comienzas a descubrir todas las cosas que impiden su consecución. Tal vez digas que quieres terminar de pagar tu casa para estar libre de esos enormes pagos mensuales, pero de repente ahí vienen las objeciones: «No gano lo suficiente como para pagar mi casa totalmente», o «¡Nadie hace eso!» o «¿Qué van a pensar mis padres?»

Bien sabes a lo que me refiero. Es fácil inventar objeciones. El secreto es disolver esas objeciones hasta tener claridad interior. Cuando la tengas, será mucho más fácil manifestar lo que quieres.

Permíteme explicarte...

Una señora acudió a Jonathan porque la iban a operar de cáncer el lunes siguiente. Ella fue a él un viernes. Ella estaba aterrada por la operación y quería deshacerse de sus temores. Jonathan le ayudó a disipar todos sus temores, y dos horas después, cuando se reincorporó en la mesa, ella se sintió sanada. Pero aún así acudió a la operación. El lunes, cuando los doctores la abrieron, no pudieron encontrar ningún rastro de cáncer. Ya no estaba allí.

¿Qué sucedió? Repito, nuestras creencias son potentes. La señora creyó que podía remover las creencias que estaban causando sus temores, y así lo hizo. Pero ella no sabía que sus temores habían causado su cáncer. Cuando ella removió sus temores, el cáncer se fue, pues éste ya no tenía un hogar en su cuerpo. Ella había tomado un control consciente de su vida eligiendo ir a ver a Jonathan para eliminar sus creencias negativas. Ella sabía que su vida podía ser de otra manera.

Creamos la realidad por medio de nuestras creencias. No estoy seguro de poder explicarte esto a manera de que tenga sentido. Quizás te hayas dado cuenta de que la gente parece tener problemas recurrentes. ¿Alguna vez te has preguntado por qué cada persona tiene el mismo problema? La persona con problemas económicos siempre tiene problemas económicos.

La persona con problemas con sus parejas, siempre tiene problemas con sus parejas. Es como si cada persona se especializase en un trastorno.

Las creencias —subconscientes o no— están creando esos eventos. Hasta que las creencias que crean los eventos sean liberadas, los eventos continuarán sucediendo. Conozco a un señor que ha estado casado siete veces. Todavía no ha acertado. Él continuará casándose y divorciándose hasta que se deshaga de sus creencias subyacentes que causan que sucedan estos eventos. Y mientras continúa casándose y divorciándose, culpará a los demás por sus problemas, tal vez culpará al destino —o a Dios. Pero como leíste anteriormente: «Hasta que vuelvas al subconsciente consciente, éste dirigirá tu vida, y le llamarás destino.»

¿Cuáles son tus creencias?

Examina tu vida. Lo que tienes es el resultado directo de tus creencias. ¿No eres feliz? ¿Tienes deudas? ¿Matrimonio en mal estado? ¿No eres exitoso? ¿Mala salud? Tus creencias están creando estas experiencias en tu vida. En un sentido muy real, una parte de tu ser quiere lo que tienes —con todo y los problemas.

Recuerdo que el gurú de motivación personal Tony Robbins comentaba acerca de una señora esquizofrénica que sufría de diabetes cuando estaba con una personalidad y estaba totalmente saludable con otra personalidad. Las creencias forman la personalidad. La señora con diabetes tenía creencias que creaban la diabetes. Es evidente que si cambias tus creencias, cambia la situación.

¿Cómo se cambian las creencias? Hay que comenzar seleccionando lo que quieres para tu vida. Al momento que elijas lo que quieres ser, hacer o tener, descubrirás las creencias que impiden tu camino. Van a surgir. Y esto es lo que te decía antes, que puedes cambiar tus quejas para que éstas sean tus metas o intenciones.

Así que, ¿qué es lo que deseas?

Usa las líneas de abajo para escribir lo que deseas ser, hacer o tener. Un estudio de Brian Tracy reveló que las personas que simplemente pusieron sus deseos sobre papel y luego guardaron la lista, descubrieron que un año después el 80% de lo que escribieron se hizo realidad.

¡Escribe lo que deseas!

_____

_____

_____

_____

_____

_____

_____

_____

_____

_____

_____

_____

_____

_____

¿Escribiste muchas metas?

A veces la gente se siente avara cuando comienza a pedir lo que desea. Sienten que están quitándole a los demás.

La mejor manera de vencer esta creencia restrictiva es asegurarte de que quieras que los demás también prosperen.

Es decir, si quieres una casa nueva, pero no quieres que tu vecino tenga una, estás atorado en el ego y eso es avaricia. Pero si quieres una casa nueva y piensas que todo mundo debe tener una, entonces estás sintonizándote con el espíritu creativo y atraerás o serás llevado a esa casa nueva.

Verás, la verdad es que no hay escasez en el mundo. El universo es mucho más grande que nuestros egos y puede suministrar más de lo que pedimos. Nuestra función consiste simplemente en pedir con sinceridad lo que deseamos. El deseo que tienes proviene de tu espíritu interior. Honra este espíritu escribiendo lo que realmente deseas tener, hacer o ser:

_____

_____

_____

_____

_____

_____

_____

_____

_____

_____

_____

_____

_____

_____

_____

_____

_____

_____

_____

_____

_____

Ahora escribe una meta o intención, algo que de verdad quieras tener, hacer o ser.

El enfoque es poder. Repasa ambas listas y ve cuál meta o metas saltan a la vista. ¿Cuál meta o intención tiene mayor energía —o carga emocional— en ella? Una meta debe intimidarte un poquito y emocionarte mucho.

Y recuerda que siempre puedes combinar metas. No tiene nada de malo expresar algo así: «Quiero pesar 54 kilos, tener un Corvette nuevecito y cincuenta mil dólares en mi cuenta bancaria, para Navidad.»

En los renglones a continuación, escribe la intención más potente que puedas escribir:

_____

_____

_____

_____

_____

_____

_____

Ahora, este es el paso final:

Escribe tu intención como si ya fuese una realidad.

Es decir, «Quiero pesar 54 kilos, tener un Corvette nuevecito y cincuenta mil dólares en mi cuenta bancaria, para esta próxima Navidad» se convierte en «¡Ahora peso 54 kilos, tengo un Corvette nuevecito y tengo cincuenta mil dólares en el banco!»

Haz esto ahora mismo. Simplemente escribe de nuevo tu meta en el tiempo presente; imagínate que ya tienes lo que deseas:

_____

_____

_____

_____

_____

_____

_____

_____

_____

Ahora puedes escribir en una tarjeta la meta que escribiste en la hoja anterior y consérvala en tu cartera o tu bolso. Al hacerlo, te estás recordando subconscientemente de tu intención. Luego tu propia mente te codeará en la dirección para hacer realidad tu meta.

Así que relájate. Acabas de plantar una semilla en tu mente. El resto de este libro te dirá cómo regarla, darle sol, sacar las hierbas y dejarla crecer.

¡Prepárate para tus milagros!

La prosperidad es la capacidad de hacer lo que deseas hacer en el preciso momento que deseas hacerlo.

-- *Invítate a la vida* por Raymond Charles Barker, 1954

[Treat Yourself to Life]

PASO TRES:
CLARIDAD

Spot era un perro callejero del que me adueñé cuando estaba en la universidad. Pero solía irse vagando y destruir los jardines de los vecinos, correr a la calle y hacer que los conductores amarraran los frenos, y ser una molestia en general. Así que le puse una pequeña correa. Pero me sentía culpable por ponerle a este gran amigo una correa de un metro. Compré una correa más grande —dos metros de libertad— y se la puse a Spot. Luego me alejé a dos metros de distancia y llamé a Spot. Él corrió hacia mí... un metro. No pasó un centímetro más de la longitud de la antigua correa. Tuve que ir hacia Spot, abrazarlo y llevarlo hacia el límite de los dos metros de la correa nueva. De ahí en adelante, usó toda la correa.

Creo que cada uno de nosotros tiene un límite que hemos fijado en nuestra libertad. Necesitamos un «profesor de milagros» para ayudarnos a ver que en realidad no tenemos límites. Jonathan hace esto con sus clientes. Pero lo hace de una manera que quizás te parezca extraña. Abróchate los cinturones y veamos si puedo explicártelo.

La primera vez que tuve una sesión con Jonathan no sabía a qué atenerme. Creía que el hombre era un poco raro, pues no podía articular lo que hacía. Pero he sido un reportero curioso por muchos años, así que me aventé a tener una sesión con él.

—¿Cuál es tu intención para esta sesión? —preguntó Jonathan.

—¿A qué te refieres?

—Puedes tener cualquier cosa que desees. ¿En qué te quieres enfocar?

Reflexioné un momento y luego hablé.

—Quiero claridad acerca del libro que estoy escribiendo acerca de Bruce Barton.

—¿Qué clase de claridad?

—Quiero saber lo que debo hacer ahora —dije.

—Bien. Vamos arriba.

Jonathan me pidió que me recostara sobre su mesa de masajes. Me guió con suavidad a que inhalara diferentes colores.

—Inhala el color rojo por la coronilla e imagina que pasa por tu cuerpo y sale por tus pies.

Hicimos esto con varios colores.

—¿Qué otro color necesitas inhalar? —preguntó.

Yo dije *gris*. Luego me pidió que inhalara ese color. Después de varios minutos de respirar profundamente y relajarme sobre su mesa de masajes, Jonathan posó su mano sobre mi corazón y dijo: «Abre esto.»

Aunque conscientemente no hice nada. Sentí que una carga de electricidad y energía pasaba a través de mí, casi cegándome. Había una incandescente luz blanca que llenaba mi cuerpo, retumbando en mi cabeza, de alguna manera iluminando el interior de mi cráneo.

De repente sentí la presencia de ángeles, espíritus, guías. No sé cómo explicarlo. Pero fue real. Lo sentí. Lo noté. Sabía que estaban allí. Y estos seres de alguna manera obraron en mí, alterando mis creencias, ayudándome a darme cuenta que tenía más «correa» de la que yo pensaba.

No estoy seguro cuánto tiempo estuve en ese estado alterno. ¿Veinte minutos? ¿Una hora? No sé. Cuando por fin me reincorporé en la mesa, vi que a Jonathan le rodaba una lágrima por su mejilla. Cuando la energía comenzó a llenarme, él se hizo a un lado para que ésta hiciera su obra. Pero el milagro y la hermosura de lo que presenciaba lo tocaron. Estaba llorando.

Cuando se aclaró mi mente y me orienté, me di cuenta que sabía cuál era el próximo paso para escribir mi libro. Debía ir a Wisconsin y continuar mi investigación mediante los documentos personales de Bruce Barton en el museo de historia. Había logrado mi intención.

Y eso no es todo.

Poco después de mi primera sesión con Jonathan comencé a notar otros cambios en mi vida externa. El libro que estaba escribiendo tomó una nueva dirección. Encontré un editor para el libro. Encontré el dinero para terminar mi investigación. Compré un auto nuevo. Compré casa nueva. Mis ingresos aumentaron vertiginosamente.

¿Cómo? ¿Por qué?

Había invitado al otro lado a ayudarme, y así fue.

En este mismo momento que escribo estas palabras, estoy muy consciente de que puedes pensar que me he vuelto loco. Después de todo, heme aquí, un adulto, un escritor, un especialista en promociones y orador bastante conocido que aconseja a ejecutivos acerca de sus negocios, hablando de «espíritus».

Pero también sé que sabes a lo que me refiero. Aun la persona más atea ha sido tocada por algo milagroso, extraño o inexplicable. Aunque nadie sabe qué nos depara del otro lado de esta vida, nuestra tendencia es creer que hay algo inteligente allí.

Tal vez valga la pena mencionar que el libro que me ayudó más que ningún otro fue *¿Qué puede creer un hombre?* [What Can A Man Believe?] por Bruce Barton. Allí explica que hay muy poca evidencia acerca de la existencia del cielo después de la tierra, pero que es más sabio creer que no creer.

En otras palabras, aunque no puedo demostrar que hay ángeles y guías listos para ayudarnos, ¿acaso no es una idea más deliciosa, confortante y mágica creer en ellos, que no creer en ellos? No hay pruebas contundentes para apoyar ni para negar su existencia. Pero si puedes usar la creencia en ellos para crear milagros, ¿no sería más sabio hacerlo?

Ayer me llamó una amiga mía y dijo que quería creer en guías y ángeles y maestros del ámbito espiritual de la vida, pero una parte de su ser dudaba de su existencia.

—Está bien —le dije—. Yo también tengo mis dudas.

—¿De verdad?

—Por supuesto —dije—. Si tuviese que presentarme en un tribunal y demostrar que tengo guías espirituales, todos los presentes se mofarían de mí. No hay pruebas que los apoyen, pero tampoco hay pruebas en su contra.

Y luego recordé algo que había leído en una edición reciente del Selecciones del Reader's Digest, donde Larry Dossey hablaba acerca de la oración. Él dijo que la oración ayudaba a la gente a recuperarse de la enfermedad. En muchas ocasiones, se habían recuperado de lo que los doctores habían dicho que eran enfermedades «incurables». Lo que habían hecho estos pacientes triunfadores era orar. Aun los pacientes admitieron que no sabían si sus oraciones fueron contestadas, pero fue la creencia en la oración y el acto de la oración lo que les ayudó. Repito, como señaló Barton, es más sabio creer que no creer. Creer ayuda a crear milagros.

Barton escribió este pasaje en 1927, en su libro *¿Qué puede creer un hombre?* Siempre me ha encantado pues parece remover en mí ese mismo algo que menciona. A ver qué hace en tu interior:

«En cada ser humano, sea emperador o vaquero, príncipe o pordiosero, filósofo o esclavo, hay un algo misterioso que él no entiende ni controla. Puede permanecer latente por tanto tiempo que es casi olvidado; puede estar tan reprimido que el hombre piensa que está muerto. Pero una noche está solo en el desierto bajo un cielo estrellado; un día está con la cabeza en reverencia y con ojos húmedos junto a un sepulcro abierto; o llega el momento en que se afianza con un instinto de desesperación al mojado riel de un barco sacudido por la tormenta y, de repente, desde las profundidades olvidadas de su ser salta al acecho este algo misterioso. Abruma el hábito; hace a un lado la razón, y con una voz que se rehúsa a ser acallada grita sus dudas y su oración.»

Así que supongamos que no tienes acceso a Jonathan (aunque puedes localizarlo, o a mí, o a otros curanderos y mentores por correo electrónico al final de este libro). ¿Qué puedes hacer?

Es sencillo. Enfócate en lo que quieres, y que una de tus intenciones sea encontrar a alguien que te ayude a librarte de las creencias antiguas para que puedas crear la vida que deseas. Hay ayuda. Expresa tu intención al mundo y permítele venir en pos de ti.

Siento que es importante tener el apoyo de un mentor. Es muy fácil regresar a las viejas maneras de pensar, sentir lástima de nosotros mismos y hacernos la víctima. La gran mayoría de tus amigos actuales probablemente no apoyarán tu deseo de crear milagros. Cuando acudía a Jonathan al principio, solía visitarlo una vez al mes. De inmediato nos dimos cuenta que debíamos mantenernos en contacto cuando menos una vez por semana. Hasta hicimos un pacto que decía: «Cuando no tenga claridad, te llamaré.» Luego, cuando dejaba que alguna situación en mi vida cayera en picada, le llamaba.

Otra señora hace poco me preguntó qué significaba «tener claridad» con nuestras creencias. Consideré un momento antes de poder responder. La imagen que vino a mi mente fue la de un equipo de futbol. Si uno de esos jugadores está lesionado, o molesto, se siente rechazado o enojado porque el entrenador lo ignoró hace un rato o su novia lo dejó, ese jugador puede poner en peligro o sabotear por sí solo el éxito de todo el equipo.

Tú eres como ese equipo de futbol. Si todos tus componentes, todas las creencias dentro de tu ser, están alineadas, no hay ningún problema. Lograrás tus deseos. Pero si hay en una parte de tu ser cualquier creencia que no apoya tu intención, pondrás en peligro y sabotearás tu éxito. Por eso tal vez pudiste haber tenido mala suerte con el amor, romance, dinero o salud. Hay una parte de tu ser que no lo quiere. Debemos sanar esa parte. Una vez que lo hagas, tendrás claridad.

¿Cómo sabes si tienes claridad en este momento?

Piensa en algo que quieras tener, hacer o ser.

¿Por qué no lo tienes todavía?

Si tu respuesta es algo negativo, no tienes claridad. Si dices algo que no sea con sinceridad: «Sé que viene en camino a mí», probablemente no tengas claridad interna de lo que deseas.

Otra pregunta que debes hacerte es: «¿Qué significa que todavía no tienes lo que deseas?»

Tu respuesta a esa pregunta revelará tus creencias. Por ejemplo, si dices: «Primero tengo que hacer esto o aquello», tienes una creencia de que debes hacer algo antes de poder tener lo que deseas.

Si dices: «Mi alma no quiere que yo tenga esto» entonces estás declarando tus propias creencias de lo que piensas que tu alma quiere para ti.

Si dices: «No sé cómo conseguir lo que quiero» entonces estás revelando una creencia que dice que tienes que saber cómo conseguir lo que quieres antes de que puedas obtenerlo.

Tus creencias no son difíciles de encontrar.

La escritora de autoayuda Mandy Evans dice que ciertas creencias pueden hacer que tengas un día terrible. Las creencias son lo causan estrés, no las situaciones de tu negocio o de tu vida.

«Una cosa es lo que te pasa en la vida y otra lo que tú decides que significa», dice Evans, escritora de *Viajando libremente: Cómo recuperarte del pasado cambiando tus creencias* [Travelling Free: How to Recover from the Past by Changing Your Beliefs].

Evans explica: «Cambia tus conclusiones, o tus creencias, acerca de los sucesos de tu pasado, y puedes cambiar la manera en que vives tu vida hoy. Ciertas creencias de verdad pueden activarnos.»

Las creencias forman nuestra manera de sentir, de pensar y de actuar, dice Evans, experta en sistemas de creencia personales. Evans presenta una lista de «Las 20 creencias contraproducentes principales» en *Viajando libremente*, su segundo libro, para que comencemos a explorarlas.

Evans sugiere: «A medida que observas cada creencia, pregúntate si la crees. Si la crees, pregúntate por qué la crees. Explora con calma tus propias razones para aceptar esta creencia contraproducente.»

He aquí diez de sus 20 creencias contraproducentes principales.

1. No merezco ser amado.

2. No importa lo que haga, debería estar haciendo otra cosa.

3. Si todavía no ha ocurrido, nunca ocurrirá.

4. Si supieras cómo soy en realidad, no me querrías.

5. No sé lo que quiero.

6. Hago enojar a la gente.

7. El sexo es algo sucio y repugnante; hazlo sólo con la persona que amas.

8. Mejor deja de desear; si te emocionas, saldrás lastimado.

9. Si fracaso, debo sentirme muy mal por mucho tiempo y estar muy asustado como para intentarlo de nuevo.

10. Ya debería haber logrado esto.

Todas estas son sólo creencias. A menudo necesitamos que alguien más nos señale nuestras creencias. Cuando mi amiga Linda y yo estábamos desayunando un día, y la contraté para que me ayudara con una promoción, ella dijo: «Tengo miedo de que algunos de mis amigos tendrán envidia de mí.»

—Esa es una creencia —le dije.

—¿Lo es? —preguntó.

Nunca se había dado cuenta que su temor era una creencia, una creencia que podía abandonar. Ella necesitaba que alguien más iluminara esa creencia.

He aquí otro ejemplo de lo que digo:

Ahora estoy conduciendo el cuarto auto de mis sueños gracias a la magia de Jonathan para ayudarme a aclarar mis deseos.

Necesitaba un auto desesperadamente. El que estaba conduciendo era una carcacha vieja que sólo se movía a empujones. Bueno, no es para tanto. Pero siempre que el auto se averiaba, yo me averiaba. Pagar las cuentas de reparación me estaba matando. Y el no saber si el auto me llevaría hasta donde quería ir me estaba causando estrés. Necesitaba ayuda. Llamé a Jonathan debido a mi temor de vendedores de autos (yo había sido uno y conocía sus tácticas). Le dije a Jonathan lo que quería.

Él dijo: «A menudo lo que de verdad quieres está debajo de lo que dices que quieres... ¿Qué significaría para ti tener este auto nuevo?»

¿Eh?

Jonathan prosiguió a explicar que lo que queremos puede más bien ser un sentimiento, no un producto. Enfócate en el sentimiento y te ayudará a obtener lo que realmente quieres. ¿Cómo me sentiría si tuviera un auto nuevo?

¡Qué cubo de agua helada para la mente! Se me produjo un dolor de cabeza tremendo nomás de pensarlo. Colgué el teléfono y mi cabeza comenzó a punzar como si me hubieran dado con un mazo. Aunque casi nunca tomo medicamentos, me tomé un montón de aspirinas como si fueran palomitas de maíz. No surtieron efecto.

Fui a ver a Jonathan en persona. Al estar sentado en la presencia de su aceptante energía, y dejar que mi dolor «me hablara», de repente vi el dolor entre mis ojos como una gigante bola negra de hilo enrollado tensamente. Aflojaba mentalmente un hilo y escuchaba una creencia:

Tú no puedes comprar un auto nuevo.

Dejaba esa, y salía otra creencia a la superficie:

¿Qué diría tu papá acerca de este carro?

Luego se escapaba otra creencia:

¿Cómo lo vas a pagar?

Y otra... y otra... y otra...

A medida que estas creencias surgían lentamente y se iban, la bola negra de dolor iba disminuyendo de tamaño. Se hacía pequeña. Y pequeña. ¡En menos de veinte minutos, el dolor de cabeza había desaparecido completamente! Fui sanado. Tenía claridad. Estaba feliz.

Ahora, escucha lo que pasó después:

Aunque no creía que en realidad fuese posible, seguí mi intuición y de inmediato fui al concesionario de autos que me sentí guiado a visitar. Conscientemente, yo «sabía» que no habría manera de que pudiera conseguir un auto nuevo. (Nunca en mi vida había tenido un auto NUEVO, y mi crédito andaba por los suelos). Pero me deje llevar. Confié.

Fui al concesionario y el caballero que estaba allí me dejo mirar un poco. Le dije lo que quería y me dijo que tenía un auto que concordaba con lo que le dije. Fuimos a la parte trasera y él estaba en lo cierto. Era perfecto. Era dorado y hermoso y nuevo. Yo dije: «¿Tiene toca cintas?» Él miró y asintió.

—Bien —dije—, ahora viene lo difícil. Vamos a ver si lo puedo comprar.

Llenamos documentos y me pidió que dejara un depósito. No lo hice. No tenía la confianza suficiente para pensar que iba a conseguir el auto, así que no dejé nada de enganche. Luego me fui. Conduje a las afueras de la ciudad a la casa de un amigo y tocamos música todo el día, él rascando su guitarra y yo dándole a la armónica. Ya entrada la tarde decidí llamar al concesionario.

—Usted está aprobado —dijo el vendedor.

Yo estaba atónito.

—¿De verdad? ¿Está usted seguro que tiene los documentos correctos? —pregunté—. Soy Joe Vitale.

Él se rió y me aseguró que así era. Luego me preguntó cuándo quería recoger el auto. Fui y recogí el auto, con un dulce desconcierto de que era mío. Aunque no tenía la más mínima idea de cómo iba a realizar los pagos, lo hice. Ya han pasado cuatro años y estoy en mi cuarto auto nuevo. Nunca me he atrasado en un solo pago. De hecho, envío mi cheque con anticipación.

Y eso no es todo.

Tan pronto como decidí comprar un auto nuevo, mi vida subió en un torbellino de coincidencias mágicas.

De repente el dinero que necesitaba apareció. Los clientes comenzaron a llamar. Las clases se llenaban. Grupos de personas de los que nunca había escuchado me invitaban a hablar. Y dos casas editoriales me dieron ofertas para libros el mismo día.

De alguna manera muy real, permitir al auto en mi vida envió un mensaje al universo que yo CONFIABA. En vez de preocuparme y preguntarme cómo iba a pagar las mensualidades, me tiré de la cima de la montaña de mis preocupaciones y —o sorpresa— no me caí.

Volé.

Pero tenía que tener claridad interna antes de que nada de esto sucediera. Si hubiera ido a comprar un auto nuevo cuando todavía tenía esas creencias contraproducentes sobre lo que podía pagar, mis creencias habrían saboteado mi compra. Hubiera hecho realidad que no podía pagar por el auto para apoyar mis creencias. Lo primero que tenía que suceder era aclarar las creencias.

Lynda Madden Dahl, en su libro *Más allá de la racha ganadora* [Beyond the Winning Streak], menciona varias creencias contraproducentes acerca del dinero. He aquí algunas de éstas:

* «Debo trabajar mucho para ganar dinero.»

* «Necesito más dinero del que puedo generar.»

* «Me siento impotente para cambiar mis finanzas.»

Lo que debes hacer es cambiar las creencias negativas con creencias positivas, por ejemplo:

* «El dinero es una manifestación natural del universo.»

* «No tiene nada de malo ser rico.»

* «No tengo que esforzarme demasiado por el dinero.»

* «Mi destino son grandes riquezas.»

Verás, las creencias que tienes te fueron dadas cuando eras niño. Simplemente las absorbiste. Ahora estás siendo despertado. Tú tienes la opción. Puedes decidir dejar las creencias que no quieres, y puedes elegir reemplazar esas creencias con las que te sirven mejor.

¿No es este un sentimiento maravilloso —saber que ahora puedes crear tu vida de la manera que la deseas?

Aclarar las creencias puede ser un proceso fácil. Lo más fácil que hice fue cuando quería vencer mis alergias de la nariz.

Solía sufrir infecciones de la nariz terribles y dolores de cabeza asociados, por años. No puedo ni empezar a contar cuán miserable me hacían sentir. Tomé hierbas. Recibí tratamientos de acupuntura. Usaba purificadores de aire. Todo me ayudaba, mas nada me curaba permanentemente.

Luego un buen día le pedí a mi amiga Kathy DeMont, Curandera Remota, que me tratara de ayudar. Estábamos cenando y la miré fijamente a los ojos, golpeé la mesa con el puño y dije: «No quiero alivio. Quiero ser curado. Quiero deshacerme de esto.»

Mi intensidad la asombró. Pero también se dio cuenta de mi sinceridad y el dolor que estaba sufriendo. Ella dijo que trataría de ayudarme.

Y así lo hizo. Ella fue a su casa, se tranquilizó y usó sus habilidades para aclarar mi cuerpo. Yo no estaba presente cuando ella hizo esto. Ni siquiera estaba consciente de que ella había hecho algo. Pero al paso de los días advertí que podía respirar otra vez. Le llamé y le pregunté qué había hecho.

—Tenías energía negativa en ti y la espanté —dijo ella.

Al parecer, había usado sus poderes de curación remota para aclarar mis creencias y mi energía a distancia.

¡A esto le llamo facilitarme las cosas!

He aquí otro ejemplo de aclaración de creencias. Este todavía me asombra, porque le pasó a mi esposa y yo vi el cambio radical.

Marian nunca aprendió a manejar un auto. Yo fui su chofer por más de 15 años. No es que me queje. Simple y sencillamente así era.

Pero después de presenciar los cambios en mi trabajo con Jonathan y otros curanderos, Marian se preguntaba si ella podía aclararse acerca de manejar. Hizo una cita con Jonathan. En menos de una hora, fue aclarada.

¿Qué pasó? Marian recordó que cuando era niña solía estar en el asiento trasero del auto de su mamá cuando ésta aprendía a conducir. Por supuesto, su mamá estaba nerviosa. Marian recogió esa energía y se asió de ella. Aunque Marian creció, la niñita que estaba en el asiento trasero del auto de su mamá seguía presente dentro de ella. Ya de adulta, esa niñita le prohibía a Marian manejar.

Bajo la dirección de Jonathan, Marian pudo recordar esa experiencia y dejarla ir. Ella se dio cuenta que era una memoria antigua y ya no le servía. Ella la dejó ir. Ahora su energía estaba clara.

Y hoy en día Marian maneja su propio auto —nuevo, para rematar— y le encanta. Recuerdo que una noche había una terrible tormenta en Houston con muchas inundaciones. Me preocupaba mi esposa y cómo lidiaría con el tiempo. Cuando llegó a casa tarde esa noche, corrí a la cochera para recibirla.

Lo que vi me asombró. Marian tenía una sonrisa de oreja a oreja. Su rostro brillaba. Ella bajó el cristal y dijo: «¡Fue toda una aventura!»

Aun estar en un embotellamiento es algo que Marian ahora agradece. Ella sólo se calma y escucha música.

Y un día nos encontramos para almorzar en autos por separado. Luego, yo estaba detrás de ella en un semáforo. Vi que movía los labios y tamborileaba con los dedos el volante. Me preguntaba si se estaba impacientando. Pues me acerqué más y me di cuenta que ¡estaba cantando y tamborileando al ritmo de la música!

¡Una verdadera transformación!

Al estar escribiendo este libro, Marian estuvo involucrada en un grave accidente automovilístico. Una vagoneta le chocó, y le pegó tan fuerte que rompió el eje trasero de su auto. A pesar del susto, Marian estaba bien, aunque no puedo decir lo mismo de su auto.

Pero aquí viene lo bueno: dos días después Marian estaba lista para rentar un auto y seguir manejando otra vez. No podía creerlo. Le dije que estaba orgulloso de ella, que mucha gente está muy asustada de manejar tan pronto después de un accidente.

Marian nada más me vio, sonrió y dijo: «¿Por qué? ¡Manejar es muy divertido!»

Jonathan tiene un dicho: «Todo es energía.» Lo que quiere decir es que todos somos sistemas de energía. Si tenemos claridad, la energía se mueve en una dirección. Si no tenemos claridad, la energía se mueve en varias direcciones, y sin poder pleno.

Caroline Myss, médico intuitiva y autora de *Anatomía del espíritu* [Anatomy of the Spirit], habla de estar «enchufado» al pasado. Si hubo una situación en tu vida donde fuiste lastimado, abusado o tenías algo sin terminar, probablemente todavía estás arrastrando ese asunto sin resolver. Todavía estás enchufado a ese viejo evento. Esto significa que parte de tu energía permanece allá, viviendo y quizás recreando de nuevo ese viejo evento.

Sé que esto es difícil de entender. Así que usemos otro ejemplo de Myss. Imagínate la energía que recibes cada día como dinero en efectivo. Despiertas cada mañana con $500 disponibles para usarlos ese día. Pero todavía estás enojado porque tu cónyuge te dijo algo malo anoche. Eso te va a costar. Estás gastando $50 para mantener esa energía viva en tu ser.

Y supongamos que sigues enojado porque un amigo te debe dinero desde hace cinco años. Ahora estás gastando $100 para conservar vivo ese recuerdo.

Supongamos que fuiste abusada de niña. Estás gastando otros $100 para conservar esa memoria dentro de ti. Despertaste con $500 para gastar, pero antes de salir de la cama te has gastado la mitad en viejos recuerdos.

Cuando intentes manifestar algo hoy, no tendrás toda tu energía disponible para realizarlo. Cuando recibes claridad sobre viejos eventos, heridas y creencias, tendrás más energía para crear lo que deseas hoy. Y entre más energía tengas ahora, más recibirás.

Vas a estar como la supermodelo que dijo un día: «No me levanto de la cama por menos de $10,000 al día.»

Otro dicho de Jonathan es: «La energía que proyectas son los resultados que obtienes.»

Sí, él es buenísimo para crear oraciones espectaculares como esa. Pero creo que quiere decir que las creencias que tienes crean los resultados que obtienes. Si estás enviando subconscientemente vibras que atraen condiciones pésimas, vas a experimentar condiciones pésimas.

Uno de mis clientes escribió un libro acerca de niños que habían sido abusados. Él señaló que el criminal podía seleccionar fácilmente a la persona que iba a agredir. Aquel niño siempre enviaba vibras que decían «pobre de mí» o «soy una víctima». Aunque no llevamos letreros en la espalda o en la frente, de alguna manera la energía que portamos crea las situaciones que tenemos. «La energía que proyectas son los resultados que obtienes.»

Si te das cuenta que estás creando eventos parecidos —como mi amigo que ha estado casado siete veces hasta ahora— sabrás que estás atorado en un patrón que continuará creando esos eventos hasta que sea disuelto.

Mi buena amiga Karol Truman, autora del gran libro *Los Sentimientos Que Se Entierran con Vida Nunca Mueren*, lo dijo así:

«La supresión continua de sentimientos y emociones sin resolver es lo que causa los problemas que experimentamos en nuestras vidas.»

Ya oigo lo que dices: «¿Cómo puedo salir de este patrón?»

Uno de los principios fundamentales de la obra de Jonathan Jacobs es que todo es energía. No es un concepto nuevo. Stuart Wilde lo menciona en sus libros. Joseph Murphy lo menciona en sus obras. Bob Proctor habla de esto en sus seminarios. Los científicos también lo están descubriendo. No hay nada más que energía formada en cosas que luego nombramos, como mesas, sillas, casas, autos, gente.

Lo que pasa es que tú y yo somos diferentes a las mesas, sillas, casas y autos porque somos espirituales. ¡Ese es el milagro de nuestras vidas!

Como me dijo Bob Proctor una vez: «Aunque todo es energía, la diferencia entre gente y objetos es que somos espirituales. Eso significa que tenemos los medios para alterar e influenciar otras energías. Podemos cambiar la energía de una mesa, silla, casa, auto o hasta de otra gente.»

Y si llevamos esto más adelante, significa que todos estamos conectados. Si es que no somos más que energía y todos somos uno, entonces lo que haces me afecta a mí, y lo que yo hago te afecta a ti, aunque estemos a kilómetros o hasta continentes de distancia.

¿Entiendes?

Ah.

Bueno, yo tampoco —al principio.

Así que veamos un par de relatos que pueden ayudar.

Un día un cliente me contrató para que fuera su genio de promoción. Me dio un montón de dinero y contraté personas para que me ayudaran. Todo iba bien. Los meses pasaron. Luego un día cayó la bomba.

Mi cliente de repente me mandó una carta diciendo que le había mentido. Eran dos páginas de puro dolor para leer. Era bastante confusa y me hizo sentirme mareado, confundido y pasmado. Me reuní con mi equipo y hasta llamé a mi cliente. No sabía por qué estaba pasando esto. Le envié al cliente una carta de dos páginas explicando mi postura. Al día siguiente recibí otra carta de dos páginas, casi igual de escandalosa. Por fin fui a ver a Jonathan.

—La palabra clave es *confianza* —señaló Jonathan—. Dices una y otra vez que no confió en ti. Veamos cómo se relaciona esto contigo. ¿En qué área de tu vida no confías?

Jonathan siempre hace eso. Él te hace ver tu propia vida para ver qué tiene que ver con tu queja. De alguna manera, usamos nuestras experiencias como espejos. Usamos lo externo para ver lo que estamos haciendo por dentro. (No te me pierdas.)

Lo pensé y dije: «Bueno, nunca he hecho promoción como esta antes. Me ha contratado para dirigir toda su campaña de mercadotecnia y espera que lleve a su personal a la victoria. Creo que no confío en que pueda lograrlo.»

—Y eso es lo que tu cliente está percibiendo a nivel energía. Esa es la señal que estás emitiendo.

—¿Qué hacemos?

—¿Estás dispuesto a soltar el miedo y sentir confianza?

—Sí.

Y eso es lo único que fue necesario. Sentí un cambio dentro de mí y sabía que podía confiar en mí mismo para realizar el trabajo. Me dejé llevar y respiré hondo de alivio. Sentí que pasó tan fácilmente porque ya estaba casi aclarado acerca del problema. No tuve que laborar mucho para aclarar las creencias viejas.

Ahora, aquí viene lo bueno.

Fui a casa y llamé a mi cliente. Él contestó y parecía tener una paz sorprendente. Le dije que iba a hacer un gran trabajo para él.

—Lo sé —me dijo, asombrándome—. Hace un momento decidí confiar en el hombre que había contratado para el trabajo.

—¿Decidiste hace un momento? ¿Cuándo?

Sí, había decidido confiar en mí más o menos en el momento en que Jonathan y yo tratamos del asunto de la confianza en mí. Una vez que yo tenía claridad, mi cliente lo sintió. Una vez que emití una señal diferente, mi cliente la percibió.

¿Coincidencia? Pues déjame contarte otro relato...

Otro cliente mío se hizo de fama y fortuna. Él es un corredor de Bolsa de 25 años que escribió un libro sobre la riqueza. Yo sabía que sería un éxito antes que él. Fungí como su agente literario y consultor de promoción, y me puse a buscar una casa editorial para su libro. Pero resultó que me abandonó y se fue con un agente en Dallas, excluyéndome de las ganancias de $45,000 que hubiera recibido de su anticipo de $300,000. Pero él es un muchacho honorable y dijo que me daría algo de dinero cuando recibiera su anticipo.

Pasaron los días.

Pasaron las semanas.

Pasaron los meses.

Nada.

Le escribí unas líneas amables. Le envié copias de mis artículos para compartir mi propio éxito. Le llamé unas veces y le dejé recados.

Aún así, nada.

Le pregunté a Jonathan. Él sugirió que escribiera una carta al cliente y que explique mis sentimientos, exprese lo que quiero y lo perdone. Fui a casa e hice eso. Me sentí bien.

Pero todavía, nada.

Fui a Jonathan y le dije que hice lo que me dijo pero que no había recibido contestación.

—¿Qué significa eso? —preguntó.

—Significa que no se ha comunicado conmigo.

—¿Y?

—Y significa que puede que me vaya a timar.

—Allí está —anunció Jonathan.

—¿Allí está qué? —pregunté.

—Es el miedo de ser timado lo que está bloqueando tu energía. Esa es la creencia que te está estorbando.

—¿Cómo me deshago de ella?

—Siente el sentimiento de ser timado.

Cerré mis ojos y así lo hice.

—Deja que te remonte a las otras veces en que has estado en experiencias donde formaste creencias sobre el dinero y la gente.

Recordé cuando una compañía de Dallas me estafó dinero que casi me maté para conseguir. Me sentí burlado. Llevé un rencor contra esa compañía por casi ocho años. Inhalé hacia ese sentimiento y sentí un cambio dentro. Abrí mis ojos y sonreí.

—El dinero que te debe no tiene que venir de él —explicó Jonathan—. El universo es próspero y puede darte dinero en una gran cantidad de maneras. Deja la necesidad de que él te tenga que pagar y permítele al dinero venir a ti.

Aceptar ese concepto es algo grande. Significa que debes abandonar totalmente todo rencor contra la gente. Significa confiar que conseguirás lo que quieres, siempre y cuando no tenga que ser de una manera en particular.

Sentí cuando lo dejé. Me sentí más liviano y más claro.

Y cuando llegué a casa había un recado telefónico —¡de mi cliente!

Después de seis meses de no saber nada, ¡de repente una llamada! Sonaba muy amable, muy amistoso, y dijo que me enviaría un cheque de cuatro cifras. Así lo hizo, y lo recibí al día siguiente. Siento que sólo un necio puede llamar esa experiencia una coincidencia. La conexión era demasiado obvia, y me sucede demasiado a menudo, para decir que fue mera casualidad.

Como dice Jonathan, todo es energía y todos estamos conectados. Limpia la senda de energía y puedes tener, hacer o ser cualquier cosa que desees.

Si sientes que has limpiado tus circuitos de energía y estás libre del pasado pero no estás recibiendo dinero o milagros ni nada, significa que no has limpiado tus circuitos de energía ni has librado el pasado.

Esto me sucedió hace algunos años. Después de tener unas sesiones con Jonathan por teléfono, me di cuenta que mis ingresos no aumentaban. Estaba pagando mis cuentas y el dinero llegaba justo a tiempo para pagarlos, pero estaba peligrosamente cerca. Comencé a preocuparme. No era una buena señal. Mi preocupación era prueba de que debía aclarar asuntos inconclusos. Deseaba comunicarme con Jonathan, pero no estaba disponible.

Luego un día Bill Ferguson ofreció darme una de sus sesiones. Bill es un exabogado de divorcios que ha creado una manera de ayudar a la gente a soltar el problema principal que sabotea sus vidas. Él ha estado en Oprah, y ha escrito varios libros, incluyendo *Sana el dolor que maneja tu vida* [Heal the Hurt that Runs Your Life]. Estaba ayudando a Bill con su publicidad y quería que yo experimentara lo que hace. Cuando dijo que podía tener una sesión con él, acepté. En particular porque era gratis. Ahora que la he tenido, hubiera pagado lo que sea por ella.

—La gente tiene sed de saber cómo encontrar la paz —me dijo Bill cuando fui a su oficina en Houston—. Pero siguen buscando fuera de sí mismos y culpando a los demás o a las circunstancias por sus sentimientos. Así no funciona la vida.

Me pidió que pensara en un evento reciente que había tocado mi fibra sensible. Eso era fácil. Acababa de correr a un cliente mío quien no estaba de acuerdo con mis ideas sobre cómo promover su negocio. Me sentí insultado y enojado.

Bill dijo: «Mira que tu sentir no tenía nada que ver con la otra persona. Lo único que hizo la persona fue reactivar tu dolor, tocando tu fibra sensible indicada. Una vez que desconectas el dolor, tu fibra para dolor emocional se desvanece.

»Todos tenemos un dolor del pasado que maneja nuestra vida. Para uno, el dolor es el fracaso. Para otro, es el dolor de sentirse despreciable, inútil, indigno de ser amado o alguna otra razón para no sentirse bien acerca de uno mismo.»

Él agregó que evitar estos sentimientos crea un dolor emocional.

—Hasta que una persona no libera el asunto principal, continuará operando —me dijo Bill—. Puedes tener noventa años y seguir recreando experiencias dolorosas debido a una creencia principal que aceptaste cuando tenías seis.

Aunque muchas psicoterapias creen que la gente tiene asuntos inconclusos del pasado, pocas dicen poder sanarlas rápidamente. Bill creó una nueva tecnología que le ayuda a la gente a liberar su dolor emocional —en menos de dos horas. Se puede decir que creó una manera de «sanar fibras».

—Escoge otro evento que te molestó —me dijo Bill.

Lo hice. Otra vez, fue fácil. Aunque no me había dado cuenta antes, comencé a ver un patrón. Casi siempre que me enojaba con alguien, era porque me sentía insultado.

—¿Qué significa que te sentías insultado? —sondeó Bill.

Después de un momento, me di cuenta de que significaba que no me sentía a la par. Debo no estar a la par, según mi lógica, porque a esta gente no le gusta lo que estoy haciendo y acabo sintiéndome insultado.

Ahora Bill comenzó a echármelo en cara.

—¿Cómo se siente no estar a la par? —preguntó.

Me estaba deprimiendo. Miré a Bill a su cara juvenil, preguntándome si de verdad quería hacerme sentir así de mal. Así fue.

—Hasta que puedas sentir plenamente el dolor que ha estado enterrado vivo dentro de ti, continuará operando y saboteando tu vida.

¡Uf! Para entonces estaba sintiendo que no valía la pena vivir.

—Si de verdad estás sintiendo el asunto principal para ti, debes sentir como que no vale la pena vivir.

—Ya estoy allí, Bill. Ya estoy allí —dije lentamente.

—¡Bien! —dijo Bill—. ¿Cómo se siente no estar a la par?

—Es el peor sentimiento que he tenido.

—¿Puedes aceptar que realmente no estás a la par?

Batallé con esto. Aunque podía ver mi vida y hallar pruebas de que sí estaba a la par, tuve que admitir que no estaba a la par en todas las áreas. Y además tuve que admitir que esta creencia de que «no estaba a la par» estaba causando subconscientemente que me enojara con mis clientes y amigos. Había estado desperdiciando muchas oportunidades, y hasta dinero.

—Sí. Puedo admitirlo.

En ese mismo instante algo cambió. Me sentí más liviano. Más relajado. Libre. Donde antes me sentía tenso y enojado, ahora me sentía relajado y calmado. Hasta feliz. Era como si hubieran desconectado un cable eléctrico gigante y de repente veía la vida diferente.

Bill y yo trabajamos en otras cosas antes de partir. Pero después de la sesión, advertí cambios enormes. Parecía que nada me irritaba como solía hacerlo. Al día siguiente un cliente discutía sobre un anuncio que le hice, y esta vez no perdí los estribos. Expliqué mis razones con calma. Y advertí que veía cada momento con amor y optimismo. Y vi que no tenía miedo de hacer cosas que antes no hacía, como tocar la guitarra enfrente de mis amigos. Antes no me sentía a la par. Y también advertí que el dinero comenzó a llegar. Una mañana días después de mi labor con Bill, una señora me envió un fax diciéndome que me enviaría un cheque por varios miles de dólares para comenzar a promover su negocio.

¿Qué sucedió? Ahora que la creencia principal estaba desconectada, había abierto centros de energía en mí para permitirle a la abundancia del universo venir a mí.

Y vaya que si vino a mí.

En el libro de Wayne Dyer, *Manifiesta tu destino* [Manifest Your Destiny], dice que si no estás manifestando lo que deseas, probablemente hay una falta de amor en tu mundo interno.

Esa es otra manera de descubrir dónde no tienes claridad interior. Piensa en cómo te sientes acerca de la gente involucrada en lo que deseas crear. Si hay una «carga» negativa o sentir incómodo acerca de alguien, no tienes claridad con esa persona.

La mejor manera que conozco para obtener claridad es el perdón. Y la mejor manera de perdonar a alguien es sentir gratitud. Hablaré más sobre la gratitud un poco después, pero por ahora sabe que si te enfocas en lo que te gusta de la gente, sentirás gratitud, y luego empezarás a perdonar, y luego recibirás claridad.

Y cuando tengas claridad, puedes tener, hacer o ser cualquier cosa que desees.

He aquí otra manera fácil de tener claridad, y es algo que puedes hacer solo. Lo aprendí de mi amigo Bob Proctor, en uno de sus famosos seminarios de la *Ciencia de hacerse rico*...

Toma dos hojas de papel.

En la primera hoja describe la situación negativa en que estás. Describe el cuadro de la situación como es ahora, y de verdad siente las emociones de ésta. Lo más seguro es que esto no se sienta del todo bien. Pero tienes que entrar en ese sentimiento, porque entre más lo sientas, mejor lo liberarás. En otras palabras, cualquier emoción que suprimas, tarde o temprano deberá ser expresada. Mientras permanece suprimida, está obstruyendo tu vibra interna. Libérala, y liberas la energía para ir a manifestar lo que deseas. Deja que tus sentimientos surjan a la superficie a medida que describes esta situación o condición que no deseas.

Ahora haz a un lado esa hoja.

Toma la segunda hoja y comienza a escribir cómo quisieras que fuera la condición o situación. Adéntrate al sentimiento de gozo asociado con tener, hacer o ser lo que deseas. De verdad sumérgete en esta energía positiva. Describe la situación como quieras que sea, y pinta este maravilloso cuadro tan completamente que lo puedas sentir a medida que lo escribes. Al igual que debías experimentar la emoción negativa para poder liberarla, ahora debes experimentar la emoción positiva para crear un nuevo cuadro para afianzarlo a tu subconsciente. Entre más te enamores de esta nueva imagen y estos nuevos sentimientos, más rápido los manifestarás.

Ahora toma la primera hoja, mírala y quémala.

Toma la segunda hoja, dóblala y llévala contigo por una semana.

Eso es todo. Probablemente ya te hayas librado de tu bloqueo negativo. Y si alguna vez surgiese de nuevo, realiza el ejercicio una vez más.

¿Ya ves? ¡Qué fácil!

Por último, déjame darte un método más para obtener claridad. Esto no te cuesta nada, no te toma más de un minuto, no duele nada y está garantizado para funcionar cada vez que lo uses.

¿Te interesa?

El método consiste en un simple guión que dices en voz alta para liberar una creencia o sentimiento que ya no deseas, y para reemplazarlo con algo que prefieres. Lo aprendí de mi amiga Karol Truman, autora del sorprendente libro *Los Sentimientos Que Se Entierran con Vida, Nunca Mueren...*

Te daré el guión en un momento. Primero, entiende que este potente instrumento es tan simple, que es fácil descartarlo. Lo único que debes hacer es decir un par de párrafos de palabras. ¡Eso es todo!

Pero lo que hace el guión es reprogramar tu estructura básica de ADN. Le habla a tu espíritu y le pide que te ayude a obtener claridad al nivel más fundamental de tu ser.

No quiero complicar las cosas tratando de explicar cómo funciona este proceso. Mi labor es proporcionarte las herramientas y mostrarte cómo usarlas. Después de todo, no necesitas saber cómo funciona una máquina de fax para poder enviar o recibir un fax. Lo único que tienes que hacer es insertar el papel, y lo demás es automático.

El Guión es igual. Lo único que debes hacer es decirlo, insertando en los lugares adecuados lo que estás sintiendo en el momento que deseas aclarar, e insertar en el lugar adecuado lo que deseas sentir. Esto tendrá más sentido una vez que conozcas las palabras del Guión, así que helas aquí:

Espíritu, por favor localiza el origen de mi sentimiento o pensamiento negativo acerca de (Inserta el sentimiento o creencia que deseas liberar, aquí) _____

Toma todos y cada uno de los niveles, capas, áreas y aspectos de mi ser a este origen. Analízalo y resuélvelo perfectamente, con la verdad de Dios.

Regresa en el tiempo, sanando cada incidente basado en el fundamento del primero, según la voluntad de Dios; hasta que estoy en el presente, lleno de la luz y la verdad, la paz y el amor de Dios, el perdón de mí mismo por mi percepción errónea, el perdón de cada persona, lugar, circunstancia y evento que contribuyeron a este sentimiento o pensamiento.

Con perdón total y amor incondicional, borro lo viejo de mi antiguo ADN, lo libero y lo suelto ¡ahora! ¡¡Siento (Inserta aquí la manera en que deseas sentirte) _____!! Permito que cada problema físico, mental, emocional y espiritual, y cada conducta inadecuada basada en los sentimientos viejos desaparezca pronto.

Gracias, Espíritu, por venir en mi ayuda y ayudarme a lograr la plenitud de mi creación. ¡Gracias, gracias, gracias! Te amo, y alabo a Dios de quien fluyen todas las bendiciones.

Simple, ¿no?

Ahora, si no crees que el Guión funcionará para ti, usa el Guión en esa creencia.

En otras palabras, inserta «Ayúdame a liberar mi duda acerca del poder de este Guión» en el primer renglón en blanco. Allí es donde colocas la creencia o sentimiento que deseas liberar.

En la segunda línea del Guión, inserta la creencia que prefieres, que puede ser: «Ahora entiendo que toda creencia puede cambiar en sólo un momento, aun con un instrumento tan sencillo como este Guión.»

Repito, este Guión es poderoso. Para una descripción detallada, lee el maravilloso libro de Karol. Mientras tanto, usa el Guión siempre que sientas la necesidad de tener claridad.

Funciona —¡casi como por arte de magia!

Y una vez que tengas claridad, ¡de verdad podrás tener cualquier cosa que te puedas imaginar!

¿Acaso no es esta una manera divertida, emocionante y hasta tonificante de vivir?

Aprendemos las lecciones de la vida que debemos aprender de dos maneras: ya sea mediante obedecer las leyes naturales o mediante sufrir las consecuencias de no observar esas leyes... Ninguno de nosotros crea conscientemente el sufrimiento que experimentamos.

-Karol Truman, *Los Sentimientos Que Se Entierran con Vida, Nunca Mueren...*, 2003

PASO CUATRO:
SIENTE LO MARAVILLOSO QUE SERÁ
TENER, HACER O SER LO QUE DESEAS

Los especialistas en mercadotecnia saben que la gente no actúa por razones lógicas, sino emocionales. La emoción tiene poder. La emoción también tiene el poder de crear lo que deseas. Encuentra dentro de tu ser lo que se sentiría tener, ser o hacer lo que deseas, y comenzarás a manifestar lo que deseas. La energía de la emoción laborará para atraerte a lo que deseas, mientras que atrae lo que deseas hacia ti.

Ya sé. Ya sé. Me estoy poniendo filosófico otra vez. Estoy escribiendo acerca de conceptos espirituales, con los cuales muy poca gente se puede identificar. Es fácil ver por qué. Desde la cuna nos enseñan a prestar atención a la realidad, a obedecer las leyes del hombre, a adorar libros y líderes. Y aunque esto puede ayudar a nuestra sociedad a funcionar más fácilmente (de hecho, no ha funcionado, pero eso es el tema de otro libro), nos limita. Creer en líderes, reglas y autoridades externas te limita en crear la vida que deseas. Una vez le dije a una amiga que creer en un gurú puede limitar su propio poder de manifestar lo que ella quería. Cuando le entregas tu poder a otra persona, estás gastando tu propia energía en la dirección de aquél.

Una de las energías más potentes que puedes experimentar es la gratitud. Siente gratitud por cualquier cosa y cambias tu manera de sentir. Siéntete agradecido por tu vida, tus pulmones, tu hogar, este libro; no importa. Una vez que te sientes agradecido, estás dentro de una energía que puede crear milagros.

Jonathan me enseñó esto. Recuerdo que fui a verlo cuando estaba pelado y deprimido. Una de las primeras cosas que él hizo fue guiarme a darme cuenta que tenía mucho en mi vida. Cuando comparas tu vida con la de otras personas que viven en países del tercer mundo, rápidamente te das cuenta que estás viviendo la vida de un Rey o Reina. Probablemente tienes comida, agua y abrigo, al igual que un refrigerador, una televisión, un radio y quizás una computadora. Millones de personas no. Sabe que eres bendecido con una gran abundancia en este mismo momento; siente gratitud por esto, y así atraerás aún más abundancia.

Mi amigo Jonathan Morningstar una vez se curó a sí mismo de una terrible enfermedad con una simple oración de gratitud de un solo renglón.

Jonathan tenía neumonía doble. Parecía que nada le ayudaba. Luego se sintió inspirado a escribir una oración simple pero potente, que repitió cada hora, la grabó y la escuchaba, y la escribió en letreritos que ponía por toda su casa. Él convirtió esta oración simple en parte de su mismo ser.

Y en menos de veinticuatro horas, Jonathan fue sanado.

¿Cuál fue la sencilla oración que usó?

«Gracias, Dios, por todas las bendiciones que tengo y por todas las bendiciones que estoy recibiendo.»

No soy científico ni pretendo poder explicar cómo funciona esto. De alguna manera tu energía envía señales que atrae más de lo mismo que estás enviando. Como el niño que subconscientemente dice que es una víctima, envías señales que atraen lo mismo que estás enviando. Cambia tus señales y cambiarás tus resultados. Cambia tu energía y cambiarás lo que experimentas. «La energía que emites son los resultados que obtienes.»

Repito, la gratitud puede cambiar todo. Simplemente comienza a sentir verdadera gratitud por lo que tienes. Mira tus manos, o este libro, o tu mascota, cualquier cosa que te provoque amor y gratitud. Permanece en este sentimiento.

Esta es la energía que te ayudará a manifestar lo que deseas.

Otra energía que puedes experimentar es la energía que proviene de imaginar lo que se sentiría tener, ser o hacer lo que deseas. Esto puede ser divertido.

Imagínate qué bueno sería tener lo que quieres, ser lo que deseas o hacer lo que sueñas. Siente los sentimientos electrizantes que provienen de estas imágenes. Estos sentimientos crean la vida que deseas. Pueden manifestarlo a tu favor. De alguna manera esos sentimientos te guían y te dirigen a hacer las cosas que realizarán estos eventos.

El gran pensador alemán Goethe tal vez lo dijo mejor que nadie cuando escribió el siguiente mensaje inspirador:

Si uno no está comprometido,

hay titubeo,

la oportunidad de echarse para atrás,

siempre ineficacia.

En cuanto a todo acto de iniciativa

hay una verdad fundamental,

cuya ignorancia aniquila

un sinnúmero de ideas e innumerables planes:

y el momento en que uno se compromete a sí mismo,

entonces la providencia se mueve también.

Muchas cosas ocurren para ayudar a uno

que de otra manera nunca hubiesen ocurrido.

Un manantial de eventos proviene de la decisión,

procurando en favor de uno toda clase de

incidentes, uniones y ayuda material inesperados

que ningún hombre hubiese soñado

que llegarían a su camino.

Todo lo que puedas hacer o

soñar hacer, ¡comiénzalo!

La audacia tiene genio, poder

y magia en ella.

Una vez estaba en Seattle para ver a unos amigos. Una noche encendí el televisor y vi el final de una entrevista fascinante de Larry King con el famoso actor y cantante Andy Griffith. Andy hablaba de una de sus primeras películas. Sin saberlo, él dijo algo metafísico cuando habló de un director que le dijo:

«La cámara es sólo una máquina. Graba solamente lo que le das. Lo único que tienes que hacer es pensar algo y sentirlo, y la cámara lo grabará.»

Luego pasaron a una escena de la película de la que hablaba Griffith, cuando debía de ver a una mujer con un rostro lleno de lujuria. Se veía a leguas en los ojos del actor que estaba proyectando pensamientos bastante calurosos. Larry King dijo después: «Fue una de las miradas más 'clasificadas X' en la historia del cine.»

El universo es como la cámara de películas. Piensa algo y siente algo, y el universo lo grabará y lo proyectará. El consejo que recibió Andy Griffith de joven es el consejo que yo te quiero dar: Cuando sabes lo que deseas, lo único que tienes que hacer es pensarlo y sentirlo. Eso es todo. El universo —el espíritu de todo lo que existe— grabará tu señal y la proyectará.

Esto es algo muy poderoso. Cuando Jonathan y yo practicamos esto, nuestros niveles de energía subieron hasta el cielo. Teníamos tanta energía corriendo por nuestros seres que los mismos enchufes eléctricos en nuestros hogares se incendiaron. ¡Es la verdad! Cuando vivía en la pocilga donde apenas podía pagar la renta, el sistema eléctrico se quemó. El casero tuvo que pagar $7,000 para repararlo.

Cuando Jonathan comenzaba a experimentar con la energía, la caja de fusibles de su cochera se incendió. Aunque ésta no es la razón por la cual me llaman «Mr. Fire» [*Sr. Fuego*], sí demuestra que cuando uno hace cambios internos, se realizan cambios externos. Jonathan tuvo que reemplazar la caja de fusibles de su casa. El casero tuvo que reemplazar todo el sistema eléctrico en la casa. Pero a medida que mi energía aumentaba, también tuve que mudarme una casa más grande con mejores cables eléctricos.

Repito, lo que comprendes en el mundo interno crea lo que experimentas en la realidad externa.

Jonathan y yo estábamos almorzando en un buen restaurante chino un día cuando advertí que casi no había clientes en el lugar. Los dueños parecían preocupados. Estaban en bola alrededor de la caja registradora hablando.

Generalmente ellos vienen a nosotros, sonríen, platican y nos tratan como reyes. Era evidente que algo andaba mal. Le mencioné esto a Jonathan, diciendo: «Parece que les preocupa el dinero.»

Jonathan contestó: «Por eso están preocupados.»

Al principio mi mente paró en seco. Pero luego, eché a reírme. Jonathan me dijo que le contara el chiste. Le expliqué lo mejor que pude:

—¿Acaso eras un maestro Zen en otra vida o algo así? —comencé—. Lo que acabas de decir es una de esas verdades profundas que sacan los maestros Zen.

—¿Qué quieres decir?

—Dije que estas personas estaban preocupadas acerca del dinero y tú dijiste que por eso es que estaban preocupadas acerca del dinero. Para el mundo externo, eso no tiene sentido.

—Pero es la verdad —explicó Jonathan—. Su preocupación por el dinero era algo que ya estaba dentro de ellos que se manifestó. Ahora lo ven en su mundo exterior. Han manifestado su creencia.

Luego prosiguió a decirme acerca de un hombre con quien trabajó que tenía un restaurante indio que estaba fracasando. La clientela estaba por los suelos. Él fue a una sesión con Jonathan y se dio cuenta de que lo que menos quería era administrar un restaurante. Una vez que tenía claridad, se deshizo del restaurante y lo vendió. Como resultado, los clientes empezaron a acudir bajo la nueva gerencia.

—Una vez que te encargas del interior, mostrarás los resultados en el exterior —dijo Jonathan.

En otra ocasión él me dijo: «Cuando entiendes la lección, no necesitas las experiencias.»

Aunque todo este intercambio te parezca extraño, ha sido la verdad en mi experiencia también.

Una vez una compañía me contrató para ayudarles a promover uno de sus seminarios en Dallas. Les dije lo que deberían hacer y luego me enojé cuando vi que hicieron todo lo contrario. Estaban echando a perder su propio éxito.

Hablé con Jonathan al respecto. Él me preguntó qué recibiría. En otras palabras, ¿cuál sería mi beneficio? Suponiendo que una parte de mí mismo creó que la compañía hiciera todo al revés, ¿cómo me beneficiaría? Lo pensé por un momento y tenía la respuesta.

—Su error remueve de mi persona toda presión del éxito —dije—. Me contrataron para ayudarles a hacer del seminario todo un éxito. No estaba seguro de poder lograrlo. Pero al no hacerme caso casi han garantizado el fracaso del seminario. Cuando fracase, puedo señalarles a ellos con el dedo y decir: «Es su culpa, no la mía».

Volvemos al mismo asunto de que lo que estamos haciendo y sintiendo por dentro tiene mucho que ver con lo que experimentamos.

No importa en qué situación te encuentres, cierta parte de tu ser ayudó a crearla.

Conéctate a ella, deja ir las creencias y la energía vieja, y pasarás a crear lo que te serviría mejor y te traerá más gozo. Una de las mejores maneras de hacer esto es enfocarte en lo que deseas, en cómo se sentiría tenerlo, serlo o hacerlo.

Una técnica maravillosa para ayudarte en esta área se llama «el guión».

Escuché de este método por primera vez de Jerry y Esther Hicks. El concepto es aparentemente simple:

Sólo imagínate que ya tienes lo que deseas y escribe una escena que lo describa. Descríbela con tal detalle que puedas sentirlo. Imagínate que eres un director de cine y escribe un guión de lo que quieres experimentar. Sumérgete verdaderamente en lo que escribes. Siéntelo. Nótalo. Experiméntalo.

Tengo un cuaderno lleno de guiones. Cada uno que he escrito se ha vuelto realidad. Te repito, cuando lo piensas y cuando lo sientes, se hace realidad.

Vale la pena mencionar en este momento que tus tarjetas de presentación, membrete, volantes, cartas de venta y anuncios —todo lo que produces o contratas a alguien para producir a fin de promover tu negocio— llevan presente tu energía.

Recuerda algún volante o carta que recibiste en tu buzón. Tan pronto como lo viste, tuviste un sentir acerca del servicio. Quizá tuviste un sentir instantáneo que decía «esto parece interesante» o un momento instantáneo que te dijo «a la basura».

No estoy hablando solamente de la apariencia, aunque tal vez tuvo algo que ver. Cuando tú o alguien que contratas crea un documento de promoción, pones tus pensamientos y sentimientos en lo que creas. La gente no tiene que ser telepática para percibir esta vibra. Si subconscientemente no crees en tu producto o servicio, esto saldrá en tus materiales de promoción. La gente lo sentirá. Y no tendrás clientes.

Repito, los sentimientos traen milagros. Cuando sabes lo que quieres, y tienes claridad al respecto, y puedes sentir la energía de lo que quieres, comenzarás a atraerlo hacia ti. Y cuando sientes esta energía claramente, crearás documentos de promoción que lo conlleven. He aquí un ejemplo de lo que quiero decir:

Cuando escribí una carta de ventas para un producto de software que me encantaba, recibí resultados increíbles. La gente leyó la carta y sintió mi sinceridad y los beneficios del producto. Como resultado, más del seis por ciento de ellos envió cheques. Y en el ámbito de mercado por correo directo, eso es excelente.

Pero cuando escribí una carta de ventas para ofrecer un servicio en el que no creía, casi no recibí respuestas. ¿Por qué? El mismo escritor creó ambas cartas. Pero mi falta de creencia en el segundo producto fue presentada a la gente y ellos percibieron mi vibra y «simplemente sabían» que mejor no lo debían ordenar.

Otro ejemplo es el volante que recibí para asistir a un taller en Seattle. Lo único que vi fue una fotocopia oscura del volante original. Así que no fui impresionado por colores brillantes, letras hermosas, redacción inteligente o gráficas increíbles. Pero algo acerca del volante me dijo «inscríbete para este evento». Así lo hice. Cuando hablé con otras personas en el seminario, todas dijeron que tuvieron el mismo sentir. Muchos agregaron: «La verdad no sé ni por qué estoy aquí. Vi el volante y sabía que debía estar aquí.» La gente que organizó el seminario tenía claridad acerca de lo que querían. Esta confianza apareció en sus folletos. Y la gente vino.

Contrasta esto con la compañía con la cual trabajé una vez, que quería tener un seminario acerca de mercadotecnia en Internet. Esta compañía sólo buscaba ganancias. No había afecto en su negocio ni un deseo sincero de servir a la gente. Esa actitud salió en sus folletos. Cuando organizaron el evento, esperaban que más de doscientas personas asistieran. Sólo veinte se presentaron.

He notado que mucha gente tiene una actitud negativa acerca de los anuncios. Yo creo que ésta es una visión contraproducente. Un anuncio puede ayudarte a promover tu negocio. Puede ser otra voz que trabaje a tu favor.

Un día estaba cenando con Jerry y Esther Hicks, y un amigo. Estábamos hablando de mercadotecnia en general y de los anuncios en particular. Mi amigo dijo: «No tienes que anunciarte.»

—No tienes que —dije—, pero es una buena idea. Un buen anuncio puede aumentar un negocio.

—La última vez que pusimos un anuncio en una revista —comenzó Jerry—, recibimos tantas respuestas que no pudimos atenderlas todas. Tuve que cancelar el anuncio hasta que pudiéramos contratar más personal.

—No importa lo que pongas en el anuncio —agregó Esther—. La gente siente quién eres y lo que ofreces y toma una decisión basada en ese sentir.

Jerry y Esther me han contratado para escribir sus anuncios antes porque saben que yo creo en su trabajo. Si yo no creyera en ellos, los anuncios que yo creo para ellos lo demostrarían. Y si ellos no creyeran en su trabajo, la persona que ellos contratan para escribir sus anuncios revelaría esa actitud.

Mi amiga Sandra Zimmer, quien está a cargo del Centro de Expresión Personal en Houston, también conoce el poder de la mercadotecnia con espiritualidad.

Sandra infunde conscientemente sus anuncios con energía. Sandra verdaderamente medita sobre su anuncio, enviando su energía dentro del anuncio. Como resultado, sus anuncios tienen una calidad magnética. Una vez me dijo que la gente guarda sus anuncios hasta por siete años. Sé que había visto los anuncios de Sandra por muchos años, antes de conocerla en persona. Aunque sus anuncios no se veían diferentes, se sentían diferentes. Simplemente había algo acerca de sus anuncios que los hacía memorables. Ese algo era la propia energía de Sandra.

—Es importante anunciarse —me dijo Sandra una vez—. Pero lo que hace que funcionen los anuncios es la energía que les pones. Verdaderamente es la ley de atracción.

Repito, tu persona interna crea los resultados externos. Aun tus artículos de promoción llevan tu energía. Está claro, siente la energía de lo que quieres hacer, ser o tener, e irás naturalmente en la dirección de manifestar lo que deseas.

Cuando estaba en Australia en mayo de 1999, aprendí que muchas semillas no se abren y crecen, a menos que sean quemadas primero.

En el cuerpo humano, abrimos nuestras semillas del deseo con el calor de la emoción. Siempre que sientes amor o temor, dos emociones muy fuertes, estás subiendo el calor. Y ese calor llega a tu mente interna y abre las semillas, la imagen de lo que deseas, y eso se logra mediante el sentimiento.

El punto de este paso es que debes sentir con gozo la energía de lo que deseas hacer, ser o tener. Como escribió Joseph Murphy en su librito, *Cómo atraer dinero* [How to Attract Money], «el sentimiento de las riquezas produce riquezas.»

Siente el gozo de tener lo que deseas —siéntelo en este mismo momento— y comenzarás a atraerlo hacia ti y a ti hacia éste.

Todo el proceso de riquezas mentales, espirituales y materiales se puede resumir en una sola palabra: gratitud.

- *Tu poder infinito para ser rico* por Joseph Murphy, 1966
[Your Infinte Power to be Rich]

PASO CINCO:
DÉJATE LLEVAR

Hace años descubrí que a la mayoría de nosotros, incluyéndome a mí, no nos gusta dejarnos llevar porque no hay ninguna lucha. No hay drama. Muchos de nosotros sentimos que si no estamos peleando y batallando, no sentimos que estamos logrando nada o yendo a ningún lugar. La batalla nos da un sentido de logro. Cuando menos podemos decir: «Bueno, lo intenté».

El ego recibe una carga en el esfuerzo. El ego siente que está haciendo algo que vale la pena. Pues está bien. Si tu ego necesita esa palmadita en la espalda, déjalo que se esfuerce por algunas de las cosas que deseas. Pero la verdad es que no tienes que batallar. Repito, puede ser de otra manera... una manera más fácil.

Solía enseñar una clase titulada "*El juego interior de la redacción*" [The Inner Game of Writing]. Seguía el modelo de la obra de Tim Gallwey, quien escribió *El juego interior del tenis* [The Inner Game of Tennis] y co-escribió otros libros de «juegos internos». Lo que descubrí fue que tenemos cuando menos dos seres distintos dentro de nosotros; no dos personalidades, más bien dos aspectos de nuestra mente. Gallwey los llamó el Ser Uno y el Ser Dos.

El Ser Uno se puede comparar con tu ego, la parte de tu ser que quiere controlar.

El Ser Dos se puede comparar al maestro interno dentro de ti, la parte de tu ser que está conectada a todas las cosas.

La labor del Ser Uno es seleccionar lo que deseas y dejarte llevar. La labor del Ser Dos es traértelo.

Gallwey aprendió que cuando la gente aprendía a dejarse llevar y a confiar, casi siempre conseguía lo que quería, y venía mucho más fácil que si peleaba por ello.

El mismo concepto funciona en tu vida. Escoge lo que quieres y deja que Dios o el Universo (sea lo que sea para ti) te lo traiga. Deja que organice los eventos que manifestarán tu deseo. Abandona la necesidad de saber cómo manifestarás algo. Saber cómo puede ser una limitación. Si deseas manifestar algo pero no puedes ver conscientemente cómo crearlo, podrías darte por vencido. La mente consciente no puede ver todas las posibilidades. Abandona el control, y liberas al universo para que te traiga lo que deseas.

¿Difícil de tragar? Déjame contarle este relato...

Cuando estaba escribiendo mi libro, *Los siete secretos extraviados del éxito* [The Seven Lost Secrets of Success], estaba obsesionado. Pasé dos años de mi vida en una misión para hacer tributo a Bruce Barton, un hombre que influyó en nuestro país, pero que de alguna manera pasó desapercibido en la historia. Un día recibí una llamada de un doctor en el oeste de Texas. Quería contratarme para que le escribiera un libro. Aunque estaba renuente, ir a verlo parecía ser lo más acertado. Volé hacia su ciudad, platiqué con él, negociamos un contrato y regresé a Houston con un buen cheque en mis manos, una iguala no reembolsable al contratarme para escribir su libro.

Pasaron semanas. Luego meses. Durante este tiempo concentré la mayor parte de mi energía en escribir mi libro sobre Barton. Casi no trabajé en el libro del doctor, y nunca supe de él. Por fin decidí que debería ir a verlo, y debería presentarle parte del material. Así que hice una reservación de vuelo y empecé a escribir su libro. Pero sucedió algo muy raro. Siempre que llamaba a la oficina del doctor, nadie contestaba el teléfono. Sucedió así por varios días. Luego, un día antes de mi partida, alguien contestó el teléfono. Era el gerente del doctor.

—Bill, habla Joe Vitale —comencé.

—Hola Joe —su voz sonaba avergonzada.

—¿Qué sucede? Nadie ha contestado el teléfono por varios días.

—Bueno, ha habido un cambio de planes.

—¿Qué?

Bill masculló algo. Le pedí que lo repitiera. No podía dar crédito a lo que escuché.

—El doctor está en la cárcel —dijo.

Mentiría si digo que estaba atónito. Estaba en choque. Estupefacto.

—¿El doctor está en la cárcel! —espeté—. Bill, ¿qué está pasando?

—Bueno, el doctor infringió su libertad condicional.

—¿Quieres decir que había estado en la cárcel ANTES?

—Bueno, el doctor le envió una bomba a su ex esposa y lo pescaron y lo mandaron a la cárcel —explicó Bill—. Luego le permitieron salir y ser doctor otra vez, pero no podía jugar con armas ni bombas.

—No me digas… —dije.

—Sí, encontraron bombas en su escritorio.

Me tomó tiempo recuperarme de este evento. Pero quiero que adviertas el milagro aquí. Cuando firmé un contrato con el doctor, él me dio una fuerte suma de dinero —dinero no reembolsable. Dinero que me permitió trabajar en mi libro sobre Barton. Y luego, cuando el doctor fue a la cárcel, fui librado de su contrato. Después de todo, no tuve que escribir su libro.

De alguna manera Dios o el Universo (o comoquiera que llames a los entes invisibles que detentan el poder) creó el marco para este evento fenomenal. ¿Podría yo haber organizado tal evento? Es muy improbable. ¿Cómo hubiera escrito el anuncio?

Se solicita doctor: Debe ser un exconvicto, que quiera escribir un libro, y que esté dispuesto a regresar a la cárcel en seis meses para que yo pueda quedarme con su dinero.

No lo creo.

Repito, cuando sabes lo que quieres y tienes claridad, serás atraído a lo que deseas y los eventos te lo traerán a ti. Jonathan ve esto todo el tiempo. Cuando dos doctores en Seattle no se ponían de acuerdo sobre una oficina que necesitaban, fueron a ver a Jonathan. Después de una sesión, fueron aclarados. Dentro de veinticuatro horas encontraron la oficina que necesitaban, y firmaron el contrato de arrendamiento.

Yo vi el mismo efecto cuando mi esposa y yo queríamos comprar una casa. Si estás tratando de manifestar algo que tiene que ver con otra persona, los dos deben tener claridad antes de que puedan manifestar el evento. Había trabajado conmigo mismo para comprar la casa que quería. Pero aún así las cosas no salían bien. Por fin mi esposa fue a ver a Jonathan. Ella pudo aclarar algunas creencias viejas acerca de su autoestima y el dinero. Al día siguiente llamaron las personas de bienes raíces. Tres días más tarde nos mudamos a nuestra casa. ¡Y esto fue despúes de casi doce meses de tardanzas!

¿Quieres un ejemplo del mundo de los negocios?

Dan Poynter es un buen amigo y un experto internacional en el mundo auto editorial. Él ha escrito varios libros, incluyendo el famoso *Manual de auto-edición* [Self-Publishing Manual]. Dan también conduce seminarios de fin de semana en su casa sobre cómo auto-publicar y promover tu propio libro. Ha estado ofreciendo este seminario por más de diez años; ha ayudado a cientos de personas, pero siempre se le ha hecho difícil que la gente se inscriba para el evento. Un día Dan me llamó y me pidió ayuda.

«Joe, quiero que me escribas un folleto que sea tan potente que la gente se inscriba para mi seminario sin que yo tenga que hacer nada.»

Mira lo que Dan estaba haciendo. Él sabía lo que no quería (casi forzar a la gente para que venga a su seminario) y sabía lo que sí quería (que la gente llame y se registre fácil y naturalmente). De estos dos pasos, fue guiado a llamarme. Cuando accedí a crear un folleto para Dan, ¿qué fue lo que él tuvo que hacer?

Dejarse llevar.

Tenía que dejarse llevar. Tenía que confiar que había contratado a la persona indicada y que todo saldría bien. Aunque él no lo sabía, «dejarse llevar» es un paso clave en el proceso de manifestación. Él lo estaba siguiendo de manera intuitiva.

Diseñé un volante para Dan; le encantó y lo imprimió. Unas semanas después le llamé y me dijo:

—Mi seminario ya está agotado.

—¿De verdad?— grité contento. Pero Dan me puso el alto.

—Pero no fue debido a tu volante —dijo.

—O, ¿no?

—El seminario se agotó hace dos semanas y apenas envié el volante nuevo la semana pasada. Hubo un retraso en el envío.

—Pues, ¿qué pasó? —pregunté—. ¿Cómo es que se agotó?

Dan no lo sabía. Pero calculo que fue así: Como ya sabes, la energía que uno proyecta trae los resultados que uno obtiene. Cuando Dan expresó su intención nueva, y permitió que yo creara su volante nuevo, él estaba cambiando la señal interna que estaba enviando. Una vez que cambias la manera en que eres por dentro, tu mundo externo cambia. Dan ni siquiera tuvo que enviar su volante. La gente percibió las señales en el aire y respondió.

¿Deschavetado? Puede ser. Pero como he señalado durante este libro, la energía que proyectas atrae y crea los resultados que obtienes. Cambia tu energía interna y cambiarás tus resultados.

(Y que quede claro: después vi a Dan en Chicago, donde me dijo que debido a mi nuevo volante, su seminario de agosto se agotó el JUNIO previo.)

El siguiente relato revela cómo es que mi último sueño (y, en muchos sentidos, el más grande de mis sueños) se hizo realidad. Lo comparto contigo con la esperanza de que te inspire a ir en pos de tus propios sueños. Tiene mucho que ver con el poder de tener una intención y dejarte llevar...

Si nunca has visto el gran catálogo famoso de Nightingale-Conant de audio casetes sobre negocios, motivación, autoayuda, relaciones, salud y espiritualidad, toma ahora mismo el teléfono y llama al 1-800-525-9000. O visita su página Web en http://www.nightingale.com. Pide el catálogo. Es gratis y vale la pena echarle un vistazo.

Por muchos años había querido tener mi propio programa de casetes en el catálogo de Nightingale-Conant. Lo quería por el prestigio, al igual que las utilidades. Quería estar en la lista de los grandes: Tony Robbins, Tom Peters, Deepak Chopra, Bob Proctor, Joe Vitale, Brian Tracy y Wayne Dyer.

Pero hasta el otoño de 1998, este deseo había sido sólo un sueño. A pesar de que siempre le había enviado a Nightingale-Conant mis libros nuevos tan pronto como habían sido publicados, parece ser que nunca pude despertar su interés acerca de mi trabajo.

Pero nunca me di por vencido. Simplemente tenía presente ese sueño, confiaba que algo sucedería tarde o temprano, y seguí haciendo lo mío: escribir lo que esperaba que fuesen libros informativos e inspiradores.

Y luego sucedió algo sorprendente.

Un día una persona comenzó a mandarme correo electrónico, haciéndome preguntas acerca de mercadotecnia en general y P. T. Barnum en particular. Era un aficionado de Barnum y le encantó mi libro, *Los clientes nacen cada minuto* [There's a Customer Born Every Minute]. Contesté a todas sus preguntas, encantado de ayudar.

Luego un día recibí una sorpresa. La persona me envió un *mail* diciendo: «Si alguna vez quieres que tu material sea considerado por Nightingale-Conant, nada más dilo. Soy su Gerente de Proyectos de Promoción.»

Imagínate mi sorpresa —y mi gozo.

De inmediato envié por correo de entrega inmediata todos mis libros, mi video y mi curso por correspondencia (seis casetes y un cuaderno de trabajo) a mi nuevo amigo en Nightingale-Conant. No le gustó nada de lo que le mandé. Más bien, le ENCANTÓ todo lo que mandé. Y allí mismo comenzamos el largo proceso de convencer a Nightingale-Conant acerca de mí.

Después de once meses de llamadas, faxes y muchos envíos de Fed-Ex, me complace anunciar que Nightingale-Conant tiene mi primer producto. Se llama, *"El poder de la mercadotecnia extravagante"* [The Power of Outrageous Marketing].

Este increíble relato ilustra muchas lecciones:

… El poder de un sueño. (Por años conservé en mente lo que quería.)

… El gran poder relacional de Internet. (Mi amigo de Nightingale-Conant me encontró mediante mi página)

… El milagro de tener a alguien que crea en ti. (Mi contacto creyó en mí en gran medida, y me lo dijo una y otra vez por once meses.)

… La verdadera magia que ocurre cuando estás alineado con el propósito de tu vida y haces lo que le trae gozo a tu corazón.

… Y el poder de dejarte llevar.

Y estoy seguro que hay otras lecciones de este relato, lecciones que tú ves y yo no. Sólo estoy compartiendo esto contigo con la esperanza de prenderle fuego tu corazón, de despertar algo en tu alma y de animarte a que vayas en pos de sus propios sueños —y los consigas.

Y he aquí algo más qué considerar:

De acuerdo a investigaciones realizadas en la Fundación Spindrift acerca del poder de la oración, una oración de «Que se haga Tu voluntad» obtiene más del doble de los resultados que una oración específica de «dame esto». Por eso es que es tan importante terminar tu petición de lo que deseas con las palabras mágicas: «Esto, o algo mejor».

Cuando estaba escribiendo mi libro acerca de P. T. Barnum, fui a la sepultura del famoso empresario en Bridgeport, Connecticut. Allí tuve una experiencia conmovedora, sobre la cual escribí en mi libro. Pero lo que quiero compartir contigo aquí es lo que vi escrito en la lápida de Barnum. Para mi sorpresa, grabado en la lápida estaban estas palabras mágicas, palabras en las que Barnum confió a través de toda su colorida vida:

«No se haga mi voluntad, sino la tuya.»

Esas palabras mágicas funcionaron para Barnum, ayudándole a sobreponerse a catástrofes personales y profesionales, y ayudándole a convertirse en uno de los primeros millonarios de Estados Unidos; y esas palabras pueden funcionar para ti también.

En otras palabras, confía en el universo.

Puedes pedir lo que desees hacer, ser o tener, pero también está dispuesto a que el Universo te dé algo mejor. Termina todas tus peticiones con la frase «Esto, o algo mejor» y estarás diciéndole al Universo que «Hágase Tu voluntad» es de suma importancia.

¿Por qué es así? Porque el Universo puede ver el cuadro amplio, mientras que tu ego no.

Tu único trabajo es pedir lo que deseas, y después moverte según el codeo interno para hacer las cosas, como hacer llamadas telefónicas, escribir cartas, visitar alguna persona en particular o lo que sea. Bob Proctor, en su maravilloso libro *Tú naciste rico* lo dice así:

«Aprende a seguir la susurrante voz que habla mediante sentimientos, no palabras; sigue lo que 'oyes' por dentro, en vez de lo que otros puedan decirte que hagas.»

El Universo mismo se moverá para llevarte hacia lo que deseas, y moverá las cosas que deseas hacia ti. Lo único que tienes que hacer es dejarte llevar, al mismo tiempo que realizas las sugerencias internas. Abandona el miedo, la duda, la preocupación, la desilusión y cualquier otro sentimiento negativo que pueda hacerte sentir decaído.

El famoso poeta y sabio Rumi escribió algo que quizá te ayude aquí:

«Algunas cosas que no suceden, evitan desastres.»

Considéralo. Lo que te estoy pidiendo que hagas es que confíes. Confía que cuando algo sucede, es bueno; y confía en que cuando algo que deseas no sucede, también es bueno.

He aquí un relato final acerca de dejarte llevar...

Asistí al curso de tres días de Bob Proctor llamado *La Ciencia de hacerse rico* en Denver durante junio de 1999. Fue una experiencia que me amplió la mente. Te animo a que tomes el curso en vivo si te es posible, o cuando menos inviertas en el curso por correspondencia. Hay tantas cosas que recibirás del material que el punto donde estás ahora parecerá la pobreza después de que absorbas los materiales y te hagas rico.

Pero una idea que quiero compartir del curso de Bob es esta cita:

«Todo lo que te sucede en la vida te está moviendo en la dirección de tus metas.»

Considera esto. Esta cita dice que todo, sin falta, sin excepción, te está moviendo hacia tus sueños.

Así que si te sucede algo que piensas que es malo, recuerda que sucedió para hacerte avanzar. Tu labor es encontrar lo positivo dentro de lo negativo, o cuando menos confiar que hay un positivo por ahí, aunque no puedas verlo en ese momento.

Esto puede ser difícil de aceptar, al principio. Pero la verdad es que es una manera iluminada de vivir tu vida. Me encanta esta cita y agradezco a Bob Proctor por decirla. Lo que me está diciendo es que debo dejarme llevar y confiar que la vida misma me está llevando hacia mis deseos.

Y a medida que me dejo llevar, confío y doy gracias por mi vida, me siento diferente e irradio una vibración diferente al mundo, y vienen a mí mejores cosas y mejores experiencias.

Repito, el secreto es aprender a dejarte llevar.

Todo lo que te sucede en la vida te está moviendo en la dirección de tus metas.

-Bob Proctor

LA FÓRMULA DEL MILLÓN DE DÓLARES

—¿Qué es lo más difícil de crear la vida que quieres? —me preguntó una amiga mientras almorzábamos.

Lo pensé un momento y respondí:

—Aprender a dejar de tratar de ideártelas para conseguir lo que quieres.

Mi amiga se veía confundida. Preguntó:

—¿Qué quieres decir?

—Si tratas de ideártelas cómo conseguirás ese auto nuevo, o esa casa nueva, o esa relación nueva vas a limitarte a lo que tu ego puede ver y hacer —expliqué—. Entrégale tu meta a tu subconsciente, que está conectado al espíritu de todo y de todos, y deja que te traiga tu meta a ti y a ti a tu meta. Sólo sigue los codeos internos y aprovecha las oportunidades que vienen en camino, y llegarás.

Bueno, no estoy seguro si mi amiga entendió lo que le estaba tratando de decir. Pero unos días después yo estaba sentado en una limosina, siendo llevado a una cena con ocho personas maravillosas y ricas que han alcanzado sus posiciones por esfuerzo propio. Todas esas personas comenzaron de la nada. Muchos de ellos comenzaron como yo: con los bolsillos vacíos y sus corazones llenos de esperanzas.

Al estar sentado en la limosina, parte de mí no creía dónde estaba.

¿Cómo llegué aquí? Recuerdo haberme preguntado. *Estoy en una hermosa limosina, con gente hermosa a mi alrededor, yendo a una hermosa cena que van a pagar otras personas hermosas. Yo soy sólo un chamaco don nadie de Ohio que se fue de la casa para buscar fama y fortuna. Solía escarbar zanjas, manejar camiones, trabajar en la tierra, la lluvia y el calor, y nunca tenía suficiente para pagar mis cuentas. ¿Cómo llegué a esta limosina?*

A medida que lo pensaba, sabía que el secreto estaba en la fórmula de cinco pasos que te he revelado en este libro. En breve, el secreto para aumentar tu clientela o manifestar cualquier cosa que desees es:

1. Sabe lo que no quieres.
2. Selecciona lo que deseas.
3. Aclara todas las creencias negativas y contraproducentes.
4. Siente cómo sería tener, hacer o ser lo que deseas.
5. Déjate llevar. Actúa sobre los impulsos intuitivos y permite que se manifiesten los resultados.

La verdad es que no hay «una sola y única manera» para lograr algo en este mundo. Hay gente que obtiene carros nuevos ganándoselos, otros batallan para pagarlos, otros pagaron por ellos felizmente, otros de otras maneras. Lo que le dije a mi amiga en la iglesia es la verdad: No puedes organizar el mundo para hacer lo que quieres. Más bien, declara tus intenciones y deja que el mundo se arregle a sí mismo para traerte tus metas.

Yo estaba en esa limosina porque no planeé estar ahí.

Permití, actué, confié y acepté.

Seguí la fórmula de cinco pasos.

Y cuando la limosina llegó, me subí.

Por último, no puedo encontrar mejor manera para concluir este libro que con esta cita de Frances Larimer Warner, escrita en 1907. Cuando me entrevistaron en un programa una noche, me pidieron que leyera esta cita dos veces. Luego todo mundo guardó silencio por un momento mientras el significado de estas palabras llegó a su corazón.

Concluyo este libro con esas mismas palabras, y te deseo que Dios te acompañe para realizar todos tus sueños.

Y cuando llegue tu limosina, ¡súbete!

Si plantamos una semilla en la tierra sabemos que el sol brillará y la lluvia regará, y dejamos que la Ley traiga los resultados... Bueno, el deseo que se forja es la semilla, cuando cierras tus ojos esporádicamente en imaginería eso es el sol, y tu expectativa constante, aunque no ansiosa, es la lluvia y el cultivo necesarios para tener resultados totalmente seguros...

-Frances Larimer Warner, *Nuestro suministro invisible: primera parte* 1907

SUGERENCIAS PARA LEER Y ESCUCHAR

Los libros y casetes pueden mantener tu mente enfocada en lo positivo y ayudarte a seguir en pos de tus sueños. A continuación están mis sugerencias para diversión adicional. Sólo he puesto libros que todavía están en circulación. Si buscas un poquito, puedes encontrar libros maravillosos, que ahora están agotados, para mantener tu fuego ardiendo. Sólo escoge cualquier título que te llame y disfrútalo. Después de terminar ese libro, serás guiado a otros. ¡Disfruta el viaje, amigo mío! ¡Te aguardan cosas maravillosas! [Nota del Traductor: Los títulos que están en inglés, no sé si están traducidos o no.]

Dr. Robert Anthony's Advanced Formula for Total Success por el Dr. Robert Anthony. Esta es una gema sensata de 1988 que me sorprendió por ser tan inspiradora, práctica y a la par con las ideas que expreso en este libro. Anthony escribió otros libros más, todos dignos de leerse. Puedes pedirlos en www.amazon.com.

The Magic of Believing por Claude Bristol. Mi libro favorito de favoritos acerca del poder de la mente para crear todo lo que desees. Ha estado impreso desde 1948. Lo leí por primera vez cuando era un joven. Toda una obra de arte. Disponible en librerías o en www.amazon.com.

The Emergency Handbook for Getting Money Fast! Es un libro increíble de Carole Dore. Este libro que eleva el espíritu revela una estrategia «interna» para ganar dinero. Lo que revela Dore son maneras estratégicas para aumentar tu energía para atraer el dinero como un imán. Puedes ordenarlo por fax al (949) 857-5122 o llama al 1-800-40-POWER.

Feelings Buried Alive Never Die... Los Sentimientos Que Se Entierran con Vida, Nunca Mueren por Karol Truman. Revela un poderoso proceso de un paso para liberar los asuntos principales en tu vida para que puedas obtener claridad y para que tengas lo que deseas. Brillante. Puedes ordenarlo en línea en http://www.healinghearts.com o llamar al 1-800-531-3180. (**Sí está en español**. Traducido por el Dr. César Vargas.)

Keys to Ultimate Freedom por Lester Levenson, fundador del Método Sedona, una manera muy simple de «obtener claridad» para que puedas ser el Amo de tu propia vida. Este libro contiene los pensamientos de Lester acerca de la vida, que son iluminadores. Llama al 1-888-282-5656. O visita http://www.sedona.com.

The Power of Outrageous Marketing!, un programa de casetes, con cuaderno de trabajo, por Joe Vitale. Te enseña los diez secretos comprobados para obtener fama, fortuna e inmortalidad. De Nightingale-Conant. Llama al 1-800-525-9000 o visítalos en http://www.nightingale.com/.

El Poder de la Mente Subconsciente por Dr. Joseph Murphy. Cualquier cosa escrita por Murphy vale la pena leerla. Este es un clásico. Disponible en librerías o en línea en www.amazon.com.

Sara and the Foreverness of Friends of a Feather por Jerry y Esther Hicks. Un libro ameno de ficción que enseña cómo crear tu propio mundo mediante la ciencia de creación deliberada. Llama al teléfono (830) 755-2299. O visita http://www.abraham-hicks.com.

The Science of Getting Rich por Bob Proctor. Este es un curso sensacional (libro, cuaderno de trabajo y ocho cintas), basado en la obra de 1903 de Wallace Wattles, sobre cómo usar la mente para aumentar tus riquezas. Si sólo quieres comprar un libro de esta lista, debes adquirir este. Llama al 1-800-871-9715. O visita http://www.bobproctor.com. Puedes recibir una copia digital del libro gratis por correo electrónico, y adquirir el programa de audio en tres CDs en http://www.mercadotecniaespiritual.com

The Seven Lost Secrets of Success por Joe Vitale. Ahora en su séptima edición y todavía cambiando el mundo, una persona a la vez. Revela los secretos de mercadotecnia de un olvidado genio de la década de 1920. Una compañía compró 19,500 copias de este libro. Para ordenar, visita www.amazon.com.

So, Why Aren't You Rich? Si quieres leer un libro que te mueva el tapete, toma una copia de esta bomba nuclear a tu ego por Darel Rutherford. Se presenta como la secuela no autorizada del famoso libro de Napoleón Hill "Think and Grow Rich" (*Piensa y hazte rico*). Para mayores informes, inscríbete en el boletín electrónico gratuito de Darel, en http://www.richbits.com.

Spiritual Economics: The Principles and Process of True Prosperity por Eric Butterworth. La perspicacia de un ministro unitario acerca de las riquezas. Sobresaliente. En librerías o llama al 1-800-669-0282, o puedes ordenarlo en línea en www.amazon.com.

Ten Thousand Whispers: A Guide to Conscious Creation por Lynda Madden Dahl. Expande la mente. También lee su libro *Beyond the Winning Streak.* Puedes ordenarlos en www.amazon.com, o llamando al (541) 683-0803.

Travelling Free por Mandy Evans. Una pequeña guía acerca de cómo tus creencias crean la realidad, y cómo cambiar las creencias mediante el suave proceso de preguntas. Pídelo en línea en www.amazon.com, o visita http://www.mandyevans.com.

Working with the Law por el Dr. Raymond Holliwell. Revela las leyes del universo. Trabaja con ellas y puedes tener todos los deseos de tu corazón. Llama al 1-800-871-9715.

You Were Born Rich por Bob Proctor. Un libro increíble para desatar tu potencial. También disponible como curso por correspondencia. Llama al 1-800-871-9715. O visita http://www.bobproctor.com.

Puedes inscribirte en la Lista de Información sobre Mercadotecnia Espiritual en español, si tienes un correo electrónico válido, y recibir avisos de eventos próximos en tu área y mensajes de inspiración, al igual que participar en el Curso Presencial sobre Mercadotecnia Espiritual y otros eventos de motivación e inspiración. Visita www.MercadotecniaEspiritual.com

CURANDEROS, MENTORES Y CONSEJEROS

Bill Ferguson	wff@neosoft.com
Kathy DeMont	remoteheal@hotmail.com
Mandy Evans	beliefs@mandyevans.com
Karol Truman	feelings@infowest.com
Diana Bay	Mehob@aol.com
Merry Mount	merrymount@earthlink.net
Ann Taylor Harcus	miracles22@aol.com

Puedes comunicarte con Ann Taylor Harcus, Karol Truman y Mandy Evans en español. Los demás sólo entienden inglés.

Nota del Traductor: De vez en cuando recibo *mails* preguntando cómo se pueden comunicar con Jonathan Jacobs. *Jonathan ya no está en práctica*. Una de las recomendaciones que doy es que uses este sencillo proceso de cinco pasos para encontrar a la persona indicada que pueda ayudarte en tu situación. Puedes visitar www.el**poder**de**tu**mente.com para ver cómo te podemos ayudar.

Joseph G. Vitale

ACERCA DEL AUTOR

Joe Vitale, el creador de Mercadotecnia Espiritual, es un especialista de mercadotecnia independiente que trabaja actualmente en Austin, Texas. Sus pláticas, seminarios y programas de audio sobre ventas y mercadotecnia han ayudado a miles de personas en todo el mundo a promover sus negocios con éxito. Entre los clientes de Joe figuran *Doubleday Books*, la *American Business Women's Association, PBS Television* y la Cruz Roja Americana. Es el autor de diez libros, incluyendo *The Seven Lost Secrets of Success* y *There's a Customer Born Every Minute*. También es autor de un programa con Nightingale-Conant titulado *The Power of Outrageous Marketing*.

Joe Vitale

correo-e: *espiritual@mrfire.com* * sitio Web:

http://www.mrfire.com

ACERCA DEL TRADUCTOR

César Vargas, eternamente agradecido traductor de Mercadotecnia Espiritual, es traductor e intérprete titular del Distrito Escolar Unificado de Santa Ana, en California, Estados Unidos. También ha traducido *Los Sentimientos Que Se Entierran con Vida, Nunca Mueren, Secretos del éxito de los ricos y felices, La Ciencia del Éxito, Espiritualidad Práctica* y *La Ciencia de Hacerse Rico*. Entre los clientes de César figuran el *National Neighborhood Watch Institute, ClearVision Technologies* y el Consulado de México.

Gracias a la influencia del autor y otros expertos, César también ofrece servicios de hipnoterapia, Programación Neuro-Lingüística, *Coaching* en superación personal y capacitación a individuos, grupos y empresas.

La realización de esta obra de traducción es el resultado directo, y un ejemplo más de la utilización exitosa de la fórmula de cinco pasos presentada en esta obra.

Dr. César A. Vargas

mail: *cesar@mercadotecniaespiritual.com* * sitio Web:

http://www.MercadotecniaEspiritual.com

HOJA DE PEDIDO AL REVERSO

HOJA DE PEDIDO

Deseo obtener más ejemplares de *Mercadotecnia Espiritual* para mí y/o para mis familiares, amigos y demás personas a quienes les interesa el éxito y el desarrollo personal desde su interior.

Nombre: _____

Domicilio: _____

Ciudad: _____ Edo.: _____

País: _____ C.P.: _____

Correo electrónico (para confirmación): _____

Comentarios (adicionales al reverso): _____

Cantidad _____ X $12.95 (USD)   Subtotal $_____

Envío y manejo   EE.UU. y Canadá $ 7.50

                A América Latina $ 12.50

Email: cesar@MercadotecniaEspiritual.com Resto del mundo   Preguntar

                Total adjunto (USD) $_____

Envíe esta hoja con su pago a:

VERITAS INVICTUS PUBLISHING
8502 East Chapman Avenue # 302
Orange, California 92869
United States

$12.95
ISBN 978-0-9846837-1-0
51295>

9 780984 683710

Para comprar por Internet con tarjeta de crédito, visite:
www.MercadotecniaEspiritual.com

www.ingramcontent.com/pod-product-compliance
Lightning Source LLC
Chambersburg PA
CBHW072004060426
42446CB00042B/1825